Das Verhältnis von Arbeitsrecht und Zivilrecht in Japan und Deutschland

Bonner Schriften zum deutschen und europäischen Recht der Arbeit und der Sozialen Sicherheit

Herausgegeben von Gregor Thüsing und Raimund Waltermann

Band 15

PL ACADEMIC RESEARCH

Franz Josef Düwell/Manfred Löwisch/
Raimund Waltermann/
Rolf Wank (Hrsg.)

Das Verhältnis von Arbeitsrecht und Zivilrecht in Japan und Deutschland

PL ACADEMIC RESEARCH

Bibliografische Information der Deutschen Nationalbibliothek
Die Deutsche Nationalbibliothek verzeichnet diese Publikation in der DeutschenNationalbibliografie; detaillierte bibliografische Daten sind im Internet über http://dnb.d-nb.de abrufbar.

Ermöglicht wurde die Veröffentlichung
durch die großzügige finanzielle Unterstützung
der Wissenschaftlichen Gesellschaft
Freiburg im Breisgau.

ISSN 1865-617X
ISBN 978-3-631-64108-8 (Print)
E-ISBN 978-3-653-02799-0 (E-Book)
DOI 10.3726/978-3-653-02799-0

PL Academic Research ist ein Imprint der Peter Lang GmbH.

Peter Lang – Frankfurt am Main · Bern · Bruxelles · New York · Oxford · Warszawa · Wien

www.peterlang.de

Vorwort

Das Verhältnis von Arbeitsrecht und Zivilrecht in Japan und Deutschland war Thema des siebten Gemeinsamen Symposions der Japanisch-Deutschen Gesellschaft für Arbeitsrecht und ihrer deutschen Schwestergesellschaft, der Deutsch-Japanischen Gesellschaft für Arbeitsrecht am 3. und 4. September in der Universität Meiji, Tokyo. Der intensive und fruchtbare Gedankenaustausch stand unter der Leitung des Vorsitzenden der japanischen Gesellschaft, Professor Hajime Wada, und ihres Geschäftsführers, Professor Dr. Takashi Yonezu, sowie des Vorsitzenden der deutschen Gesellschaft, Professor Dr. Heinrich Menkhaus, und ihres Geschäftsführers, Rechtsanwalt und Fachanwalt für Arbeitsrecht Rüdiger Henning.

Den Ausgangspunkt des Austausches bildeten die in diesem Band versammelten Referate. Die Vorträge der japanischen Referenten geben nicht nur Auskunft über neue Entwicklungen in Japan. Sie informieren zudem über Grundzüge des japanischen Zivil- und Arbeitsrechts. Der Rechtsvergleich zwischen Japan und Deutschland gibt wertvolle Erkenntnisse für die Fortentwicklung des Arbeitsrechts. Die gesellschaftlichen Herausforderungen, vor denen Japan und Deutschland stehen, sind in vielem ähnlich.

Ermöglicht wurde die Veröffentlichung durch die großzügige finanzielle Unterstützung der Wissenschaftlichen Gesellschaft Freiburg im Breisgau. Für die redaktionelle Betreuung des Projekts danken wir Herrn cand. jur. Philipp Voigt.

Weimar, Freiburg, Bonn, Köln, im Juni 2013

Die Herausgeber

Inhaltsverzeichnis

Begrüßungsansprache

Professor Dr. Heinrich Menkhaus,

Vorsitzender der Deutsch-Japanischen Gesellschaft für Arbeitsrecht und Inhaber des Lehrstuhls für Deutsches Recht an der Juristischen Fakultät und der Rechtsgraduiertenschule der Universität Meiji Tōkyō

Sehr geehrter Herr Kollege Wada (Vorsitzender der Japanisch-Deutschen Gesellschaft für Arbeitsrecht und Inhaber des Lehrstuhls für Arbeitsrecht an der Universität Nagoya),

Sehr geehrter Herr Kollege Nanpo (Dekan der Juristischen Fakultät der Universität Meiji und Inhaber des Lehrstuhls für Handels- und Gesellschaftsrecht dortselbst),

Sehr geehrter Herr Gesandter Herzberg (Gesandter der Botschaft der Bundesrepublik Deutschland in Japan und Magister der juristischen Fakultät der Universität Hitotsubashi Tōkyō),

Sehr verehrte Referenten,

Liebe Mitglieder der beiden veranstaltenden Gesellschaften,

Verehrte Gäste,

ich darf Sie im Namen der Deutsch-Japanischen Gesellschaft für Arbeitsrecht sehr herzlich zum 7. gemeinsamen Symposium mit der japanischen Schwestergesellschaft begrüßen. Beide Gesellschaften, die etwa zeitgleich im Jahre 1997 gegründet wurden, begehen in diesem Jahr ihren 15. Geburtstag.

Zusammen veranstalten wir in unregelmäßigen Abständen, abwechselnd in Deutschland und Japan, gemeinsame Symposien. Das erste fand anlässlich der Gründung der japanischen Schwestergesellschaft in Jahre 1997 hier in Tōkyō statt und zwar in den Räumen der Institution, die heute Japan Institute for Labour Policy and Training (JILPT) heißt, eine Organisation, die hier heute auch mit zwei Personen unter den Gästen vertreten ist. Es folgte ein Symposium, das vom Kollegen Peter Hanau im Jahre 1999 in Köln veranstaltet wurde. Im Jahre 2003 waren wir Gast der Universität Chūō in Tōkyō, im Jahre 2004 ging es dann in Berlin in den Räumen des damaligen Bundesministeriums für Wirtschaft und Arbeit weiter, im Jahre 2006 trafen wir uns aus Anlass des Jahres „Deutschland in Japan" an der Universität Senshū Tōkyō, und im Jahre 2007 schließlich in den Räumen der IG Metall in Frankfurt.

Danach hat es aus den verschiedensten Gründen eine Pause gegeben. Eigentlich wollten wir das 7. Symposium als Veranstaltung im Rahmen des 150. Jubiläums der deutsch-japanischen diplomatischen Beziehungen, das im Jahre 2011 begangen wurde, durchführen. Aber da hat uns das große Erdbeben und die durch dieses ausgelösten weitreichenden Folgen einen Strich durch die Rechnung gemacht. Ich freue mich deshalb um so mehr, dass wir das schon seit langem geplante Symposium jetzt endlich verwirklichen können und zwar nicht nur in den Räumen der seit drei Jahren gemessen an der Zahl der Bewerber für das Eintrittsexamen beliebtesten Privatuniversität Japans, der Universität Meiji, sondern auch mit einer beachtlichen finanziellen Unterstützung ihrerseits, für die ich meinem Kollegen, dem Dekan der juristischen Fakultät der Universität Meiji, Herrn Nanpo Katsumi ganz herzlich danken möchte.

Des weiteren möchte ich meinen Dank für die anhaltende gute Zusammenarbeit richten an den Vorsitzenden der japanischen Schwestergesellschaft, Herrn Kollegen Hajime Wada an der Universität Nagoya und dem Geschäftsführer Herrn Kollegen Takashi Yonezu von der Universität Chūō in Tōkyō. Ich darf an dieser Stelle auch Herrn Kollegen Kunishige Sumida die Referenz erweisen, der als Vorsitzender die japanische Schwestergesellschaft bis zur Übernahme des Vorsitzes durch Herrn Wada geleitet hat und der heute zu unseren Gästen zählt. Der Dank richtet sich in gleicher Weise an die übrigen Mitarbeiter der Geschäftsführung der japanischen Schwestergesellschaft und an ihre Studierenden in den verschiedenen Graduiertenstudiengängen der beteiligten Universitäten, ohne deren Hilfe die Organisation der Tagung nicht möglich gewesen wäre.

Mein Dank gilt auch dem Gesandten Herrn Stefan Herzberg, der ebenfalls Jurist ist und in Japan ein Graduiertenstudium absolviert hat. Wir haben uns 1985 in

Tōkyō kennengelernt. Natürlich bedauern wir, dass wir dieses Symposium nicht wie geplant in die von der Deutschen Botschaft koordinierten Veranstaltungen des 150 Jubiläums der deutsch-japanischen Beziehungen platzieren konnten, freuen uns aber um so mehr darüber, auch außerhalb des Festjahres die Unterstützung der Botschaft gefunden zu haben.

Die Organisation auf deutscher Seite lag wieder in den bewährten Händen unseres Geschäftsführers, Herrn Rechtsanwalt Rüdiger Henning, Fachanwalt für Arbeitsrecht, dem ich an dieser Stelle ebenfalls ganz herzlich danken möchte.

Beschäftigen wollen wir uns heute und morgen mit einem nicht ganz einfachen Thema, dem Verhältnis von Arbeitsrecht und Zivilrecht. Dazu nur eine kurze Anmerkung, weil die Referenten das Thema wesentlich besser abdecken, als ich es je könnte. Im Jahre 2001 wurde ich auf eine Professur in Marburg berufen, die in der Nachfolge von Heinrich Herrfahrdt, Direktor des Instituts für Öffentliches Recht und Arbeitsrecht, stand, welcher in den 1930er Jahren eine zusätzliche Lehrbefugnis für „Staat und Recht Ostasiens“ erhalten hatte. Es wäre also auch interessant, sich einmal mit den Grenzfragen von öffentlichem Recht und Arbeitsrecht zu befassen.

Abschließend wünsche ich uns allen eine interessante Veranstaltung. Vielen Dank für Ihre Aufmerksamkeit.

Bürgerliches Recht und Arbeitsrecht in Japan

Professor Dr. Dr. h.c. (Freiburg) Satoshi Nishitani, Städtische Osaka Universität

Einführung

„Bürgerliches Recht und Arbeitsrecht" ist ein Thema, das in Japan vor allem in der Anfangsphase des Arbeitsrechts nach dem Zweiten Weltkrieg heftig diskutiert wurde, und zwar im Zusammenhang mit der Frage, was Arbeitsrecht ist, wo die Besonderheiten des Arbeitsrechts gegenüber dem bürgerlichen Recht liegen und wie Gesetzgebung und Auslegung im Arbeitsrecht ausgestaltet sein sollen[1]. Das vorliegende Referat bezweckt, sowohl darzustellen, wie das Thema in Japan bisher diskutiert worden ist, als auch wie das Verhältnis zwischen bürgerlichem Recht und Arbeitsrecht in Zukunft aussehen soll.

Der Begriff „bürgerliches Recht" wird in Japan mit „*Shimin-hô*" oder „*Minpô*" übersetzt. Mit dem Begriff „*Shimin-hô*" meint man dabei in der Regel die grundsätzliche Rechtsidee des bürgerlichen Rechts, die sich vor allem im 19. Jahrhundert entwickelt hatte und noch immer die zentrale Rolle im bürgerlichen Recht spielt. „*Minpô*" bezeichnet demgegenüber entweder das japanische bürgerliche Gesetzbuch (JBGB) oder das Rechtsgebiet, das aus dem JBGB und Sondergesetzen sowie Richterrecht in diesem Bereich besteht. In diesem Referat wird der Begriff hauptsächlich im Sinne des „*Shimin-hô*" verwendet, ohne dass jedoch das „*Minpô*", das bürgerliche Recht als Rechtsgebiet, außer Acht gelassen wird.

---

1 *Numata*, Nihon-rôdôhô-ron, Jô-kan (Das japanische Arbeitsrecht, 1. Teil), 1948, S. 21 ff.; *derselbe*, Shimin-hô to shakai-hô (Bürgerliches Recht und Sozialrecht), 1953, S. 5 ff.; *Kataoka*, Rôdô-hô ni okeru ningen (Der Mensch im Arbeitsrecht), in: Kikan rôdô-hô, Nr. 48, 1963, S. 4 ff.; *Tsumagari*, Shimin-hô to rôdô-hô (Bürgerliches Recht und Arbeitsrecht), in: Rôdô-hô kôza, Bd. 1, 1956, S. 51 ff.; *Minemura*, Shimin-hô to rôdô-hô (Bürgerliches Recht und Arbeitsrecht), in: Shin rôdô-hô kôza, Bd. 1, 1966, S. 3 ff.; *Asai*, Shimin-hô to rôdô-hô (Bürgerliches Recht und Arbeitsrecht), in: Gendai rôdô-hô kôza, Bd. 1, 1981, S. 2 ff.; *Tadenuma*, Shimin-hô to rôdô-hô (Bürgerliches Recht und Arbeitsrecht), in: Gendai-hô to rôdô-hô-gaku no kadai (Festschrift für *Numata*, Bd. 1), 1974, S. 304 ff.; *Nishitani*, Gendai shimin-hô to rôdô-hô (Das gegenwärtige bürgerliche Recht und Arbeitsrecht), in: Rôdô-hô-gaku no riron to kadai (Festschrift für *Kataoka*), 1988, S. 45 ff.

In diesem Referat wird den folgenden drei Fragen nachgegangen:

1. In der Anfangsphase des Arbeitsrechts in Japan hat man die Besonderheiten des Arbeitsrechts gegenüber dem bürgerlichen Recht stärker betont als in Deutschland. Was sind die Ursachen hierfür? (Dazu unten, Teil I.)

2. Wie hat sich das Verständnis zum Verhältnis zwischen bürgerlichem Recht und Arbeitsrecht in der Entwicklung des Arbeitsrechts verändert und was sind die Gründe hierfür? (Dazu unten, Teil II.)

3. Wie soll das Arbeitsrecht in Zukunft in Bezug auf das Verhältnis zwischen bürgerlichem Recht und Arbeitsrecht ausgestaltet sein? (Dazu unten, Teil III.)

I. Bürgerliches Recht und Arbeitsrecht in der Anfangsphase des Arbeitsrechts

1. Einführung der Weimarer Arbeitsrechtslehre

Als sich das Arbeitsrecht in Japan kurz nach dem Zweiten Weltkrieg neu entwickelte, herrschte die Denkweise vor, dass das Arbeitsrecht ein selbständiges Rechtsgebiet sei, das sich klar vom bürgerlichen Recht unterscheide. Es scheint, dass man in Japan die Besonderheiten des Arbeitsrechts stärker betonte als es in Deutschland nach dem Zweiten Weltkrieg der Fall war[2].

Eine Ursache dafür ist, dass die japanische Arbeitsrechtslehre damals stark von der Arbeitsrechtslehre der Weimarer Republik beeinflusst war. Schon vor dem

2 *Hueck-Nipperdey* hat das bekannte „Lehrbuch des Arbeitsrechts“ (Bd. 1, 7. Aufl., 1963) mit der These „Arbeitsrecht ist das Sonderrecht der unselbständigen Arbeitnehmer“ (S. 3) eingeleitet. Eine solche Denkweise ist bis heute herrschend in Deutschland geblieben. Dabei wird jedoch der Aspekt der sog. persönlichen Abhängigkeit der Arbeit hervorgehoben, nicht so sehr die wirtschaftliche. Daher wird der Unterschied zwischen Arbeitsrecht und bürgerlichem Recht nicht so betont wie etwa in Japan. Die Anwendung des BGB auf arbeitsrechtliche Fragen wird vielmehr als selbstverständlich angesehen. Nur wenige behaupten, dass das Arbeitsrecht vom BGB losgelöst betrachtet werden solle (z.B. *Gamillscheg*, Mutterschutz und Sozialstaat, in: Festschrift für Molitor, 1962, S. 78). Kritisch dazu u.a. *Richardi*, Arbeitsrecht und Zivilrecht, ZfA 1974, S. 3 ff.

Zweiten Weltkrieg war in Japan intensiv deutsche Literatur zum Arbeitsrecht rezipiert worden.

Im Zusammenhang mit dem Thema „Bürgerliches Recht und Arbeitsrecht“ spielten insbesondere zwei gedruckte Vortragsmanuskripte eine wichtige Rolle, nämlich zum einen „Der Mensch im Recht“ von Gustav Radbruch (1926)[3] und zum anderen „Das Problem des Menschen im Recht“ von Hugo Sinzheimer (1933)[4].

Von der These ausgehend, dass es der Wandel in den Vorstellungen zum Bild des Menschen ist, der in der Geschichte des Rechts „Epoche macht“, stellte Radbruch dem herkömmlichen liberalen bürgerlichen Recht, das das freie, selbständige und mit anderen gleichgestellte, abstrakte Individuum (*homo oeconomicus*) als Menschenbild voraussetzte, die neueren Rechtsgedanken gegenüber, die auf einem neuen Menschenbild basierten, in dem auch die intellektuelle, wirtschaftliche und soziale Machtlage des Rechtssubjekts berücksichtigt wurde. Der Mensch im Recht ist hier nicht mehr der isolierte Mensch, sondern der Kollektivmensch. Ein typisches Rechtsgebiet dieser neuen Zeit bildete aus Sicht von Radbruch selbstverständlich das Arbeitsrecht.

Sinzheimer ging ebenfalls von der These aus, dass sich der Charakter des jeweiligen Rechtssystems am klarsten in seinem Menschenbild widerspiegele. Er stellte dem abstrakten Gattungswesen im bürgerlichen Recht das Klassenwesen im Arbeitsrecht gegenüber. Das Merkmal des Menschen als einem Klassenwesen sei nicht die Freiheit, sondern die Abhängigkeit. Die entscheidende Rolle im bürgerlichen Recht spiele der Wille des Menschen, im Arbeitsrecht dagegen sein Zustand. Das für das Arbeitsrecht wesentliche Grundrecht sei dementsprechend nicht die abstrakte Freiheit, sondern eine solche Ausgestaltung seines realen Daseins, welche die Befriedigung bestimmter materieller Bedürfnisse des Menschen sicherstelle. Das Zentrum des Arbeitsrechts sei daher das Menschentum, während das Zentrum des bürgerlichen Rechts das Eigentum sei.

Für Sinzheimer, der bei der Entwicklung des Arbeitsrechts in der Weimarer Republik eine führende Rolle spielte, war es unerlässlich, die Besonderheiten des Arbeitsrechts gegenüber dem bürgerlichen Recht deutlich zu machen, um die Notwendigkeit des Arbeitsrechts als einem besonderen Rechtsgebiet zu begrün-

3 *Radbruch*, Der Mensch im Recht, in: Radbruch, Der Mensch im Recht – Ausgewählte Vorträge und Aufsätze über Grundfragen des Rechts, 1957, S. 9 ff.

4 *Sinzheimer*, Das Problem des Menschen im Recht, in: Sinzheimer, Arbeitsrecht und Rechtssoziologie – Gesammelte Aufsätze und Reden (Hrsg. von *Kahn-Freund* und *Ramm*), Bd. 2, 1976, S. 53 f.

den. Sinzheimers Denkweise sowie die dieser zu Grunde liegende Motivation war von großem Einfluss auf japanische Arbeitsrechtler, die auch in Japan das Arbeitsrecht als neues, selbständiges Rechtsgebiet zu begründen suchten.

2. Verfassungsrechtliche Vorschriften und arbeitsrechtliche Gesetze

Zur Verbreitung dieser Ansicht trug auch die damalige Rechtslage in Japan bei. Das JBGB von 1896 enthielt nur neun Vorschriften zum Dienstvertrag, die als Maßstab zur Lösung arbeitsrechtlicher Probleme auch im Vergleich mit dem deutschen BGB offensichtlich unzulänglich waren. Das Arbeitsrecht musste, so glaubte man, nicht auf dem JBGB, sondern auf einer gesonderten gesetzlichen Basis begründet werden.

Ansatzpunkte für die Begründung eines solchen Arbeitsrechts bot dabei zum einen die japanische Verfassung von 1946. Art. 25 Abs. 1 sieht vor, dass „das Mindestmaß an gesundem und kultiviertem Leben für alle Staatsbürger gewährleistet wird“ (sog. Recht auf Existenz). Art. 27 Abs. 1 normiert das Recht auf Arbeit und Art. 27 Abs. 2 bot eine verfassungsrechtliche Grundlage für Arbeitnehmerschutzgesetze, indem er bestimmt, dass „Standards von Arbeitsbedingungen wie Löhne, Arbeitszeit, Arbeitspausen usw. gesetzlich geregelt werden“. Art. 28 schließlich, nach dem für alle Arbeitnehmer das Koalitionsrecht, das Recht auf Kollektivverhandlung und das Recht auf Arbeitskampfmaßnahmen gewährleistet werden, ist die Grundlage des kollektiven Arbeitsrechts in Japan.

Von Bedeutung waren ferner zwei wichtige Gesetzeswerke, die kurz nach dem Zweiten Weltkrieg erlassen wurden. Das Gewerkschaftsgesetz, das 1945 erlassen und 1949 vollständig revidiert wurde[5], enthält viele wichtige Vorschriften zum kollektiven Arbeitsrecht wie zur Definition der Gewerkschaft, zur Haftungsbefreiung bei Arbeitskampfmaßnahmen, zu unfairen Arbeitgeberpraktiken sowie zur Form und Wirkung von Tarifverträgen. Das Gewerkschaftsgesetz, das bis heute im Wesentlichen unverändert geblieben ist, ist damit der Pfeiler des kollektiven Arbeitsrechts neben dem Art. 28 der japanischen Verfassung.

Das Arbeitsstandardgesetz von 1947[6], das grundsätzlich für alle Betriebe und für die gesamte Arbeitnehmerschaft gilt, ist demgegenüber noch heute der Kern des Individualarbeitsrechts in Japan. Das Gesetz trifft umfangreiche Regelungen zu den Arbeitsbedingungen und zwar nicht nur zu Höchstarbeitszeiten, Ruhetagen

---

5 Zum Inhalt des Gewerkschaftsgesetzes *Nishitani*, Vergleichende Einführung in das japanische Arbeitsrecht, 2003, S. 29 ff.

6 Zum Inhalt des Arbeitsstandardgesetzes *Nishitani*, a.a.O. (Fn. 5), S. 11 ff.

und Urlaub, sondern auch zu Grundsätzen der Entgeltzahlung, zum Diskriminierungsverbot wegen des Glaubens oder Geschlechts usw. sowie zur Entschädigungspflicht des Arbeitgebers bei betrieblichen Unfällen. Das Gesetz enthält auch Vorschriften über Arbeitsordnungen. Die Einhaltung der in diesem Gesetz geregelten Mindeststandards wird von den Arbeitsstandard-Kontrollämtern überprüft. Für gesetzwidriges Verhalten des Arbeitgebers sind Strafen vorgesehen. Darüber hinaus ist im Gesetz ausdrücklich vorgeschrieben, dass alle Bestimmungen des Gesetzes privatrechtliches zwingendes Recht darstellen (§ 13). Auch wegen dieses Charakteristikums wurde das Arbeitsstandardgesetz nicht etwa als ein außergewöhnlicher staatlicher Eingriff in das Arbeitsverhältnis angesehen, in dem eigentlich die Privatautonomie der Vertragsparteien gelten soll. Die Vorschriften des Gesetzes wurden vielmehr als Regeln verstanden, die für jeden Betrieb gelten sollten; weit verbreitet war das Verständnis, dass die Arbeitsbedingungen unmittelbar durch das Arbeitsstandardgesetz bestimmt würden.

Die oben genannten Verfassungsvorschriften sowie der Erlass der zwei umfassenden Gesetze im kollektiven und individuellen Arbeitsrecht trugen jedenfalls zur Verbreitung der Ansicht bei, dass das Arbeitsrecht ein besonderes Rechtsgebiet bildete.

Die vorhandenen gesetzlichen Regelungen waren zwar umfangreich, schlossen jedoch naturgemäß nicht alle wichtigen Fragen im Bereich des Arbeitsrechts ein. So gab es beispielsweise keine Vorschriften darüber, aus welchen Gründen der Arbeitgeber ein Arbeitsverhältnis kündigen kann. Die Lücke musste daher durch Auslegung gefüllt werden. Ferner enthält das Gewerkschaftsgesetz Generalklauseln wie etwa den Begriff der „gerechtfertigten Kampfmaßnahmen“ (§ 8 Gewerkschaftsgesetz), die durch eine Auslegung der Vorschriften konkretisiert werden mussten.

Bei der Gesetzesauslegung wäre es denkbar gewesen, dass Rechtsprechung und Lehre davon ausgehen, dass, wenn eine zutreffende Vorschrift in arbeitsrechtlichen Gesetzen fehlte, Vorschriften des JBGB unmittelbar angewendet werden könnten, weil das Arbeitsrecht ein Sonderrecht des bürgerlichen Rechts sei. Die führende Lehre in Japan folgte einem solchen Ansatz jedoch gerade nicht. Vielfach suchte man die direkte Anwendung von Vorschriften des JBGB auf arbeitsrechtliche Fragen möglichst zu vermeiden und bemühte sich vielmehr darum, neue arbeitsrechtliche Grundsätze aufgrund von verfassungsrechtlichen Vorschriften oder Generalklauseln des JBGB zu schaffen, soweit es erforderlich war.

Ein Beispiel: Nach § 623 JBGB könnte der Arbeitgeber dem Arbeitnehmer mit einer Kündigungsfrist von zwei Wochen jederzeit frei kündigen. Lehre und Rechtsprechung bemühten sich jedoch darum, das Problem „arbeitsrechtlich“ zu lösen. Nicht wenige Arbeitsrechtler[7] vertraten die Ansicht, eine Kündigung sei nur möglich, wenn sich der Arbeitgeber auf einen sozial gerechtfertigten Grund berufen könne, wie nach dem deutschen Kündigungsschutzgesetz. Sie glaubten, dass nur eine solche Auslegung dem eigentümlichen Charakter des Arbeitsrechts gerecht werde.

Die Rechtsprechung folgte der Missbrauchstheorie. Der OGH hat in einem Urteil von 1975[8] festgestellt, dass die Ausübung des Kündigungsrechts durch den Arbeitgeber dann einen Rechtsmissbrauch darstelle und unwirksam sei, wenn es der Kündigung objektiv an einem sachlichen Grund fehle und sie nach allgemeiner Auffassung in der Gesellschaft als nicht angemessen angesehen werde. Die Rechtsprechung hat also über die Anwendung einer Generalklausel im JBGB (Verbot des Missbrauchs) einen neuen arbeitsrechtlichen Grundsatz geschaffen, der genau der Theorie des „sozial gerechtfertigten Grundes“ entspricht. Diese These der ständigen Rechtsprechung wurde 2003 unverändert in § 18-2 Arbeitsstandardgesetz festgeschrieben, der dann in das Arbeitsvertragsgesetz von 2007 (§ 16) aufgenommen wurde.

3. Hintergrund der Denkweise der damaligen Lehre

Die Denkweise der damaligen Arbeitsrechtslehre ist nur vor dem Hintergrund der Situation kurz nach dem Zweiten Weltkrieg zu verstehen, die von einigen Besonderheiten geprägt war.

Erstens: Dem Rechtsbewusstsein der Bevölkerung, die im Allgemeinen in Armut lebte, entsprach die Rechtsidee des „Rechts auf Existenz“ (Art. 25 Abs. 1 der japanischen Verfassung) besser als die Idee der individuellen Freiheit des bürgerlichen Rechts. Darüber hinaus war in der Zeit, in der das Machtverhältnis in Arbeitsbeziehungen wegen der Massenarbeitslosigkeit offensichtlich ungünstig für Arbeitnehmer war, die Denkweise des bürgerlichen Rechts, das Parität der Vertragsparteien voraussetzt, nicht realistisch. Viele glaubten daher, dass das Arbeitsrecht, anders als das bürgerliche Recht, von der Abhängigkeit der Arbeitnehmer ausgehen müsse.

---

7 U.a. *Kataoka*, Rôdô-hô to shimin-hô – Rôdô-hô-teki ningen-zô to kaiko-riron (Arbeitsrecht und bürgerliches Recht – Das Menschenbild im Arbeitsrecht und Theorie der Kündigung), in: Hô-tetsugaku-nenpô 1963 II.

8 Urteil vom 25.4.1975, Minshû 29-4-456.

Zweitens: Gewerkschaften, die zum großen Teil erst nach dem Zweiten Weltkrieg auf der Betriebs- bzw. Unternehmensebene organisiert wurden, sind, auch durch die Unterstützung der Besatzungsmacht, sehr schnell gewachsen. 1949 waren 55.9% sämtlicher Arbeitnehmer in Gewerkschaften organisiert. Bei der Gestaltung von Arbeitsbedingungen im Betrieb spielten Tarifverträge oder Arbeitsordnungen, die der Arbeitgeber nach § 89 Arbeitsstandardgesetz erlassen musste, die entscheidende Rolle. Dementsprechend neigte die Lehre dazu, den Arbeitsvertrag nur als Mittel anzusehen, um die Stellung des Arbeitnehmers als Mitglied des Betriebs zu begründen[9]. Man glaubte daher, dass das bürgerliche Recht, das wesentlich auf dem Individualismus beruhte, unzulänglich ist, um aus Arbeitsbeziehungen entstehende Probleme zutreffend zu lösen.

Beispielsweise waren aktive Arbeitskampfmaßnahmen wie Streikposten oder die Übernahme der Produktionskontrolle durch Arbeitnehmer, die damals in den meisten Fällen die Unterstützung der Bevölkerung fanden, aus Sicht des bürgerlichen Rechts offensichtlich illegal. Um diese Probleme angemessen, d.h. dem Bewusstsein der Bevölkerung entsprechend zu lösen, brauchte man eine neue, vom bürgerlichen Recht unabhängige Auslegung, die den kollektiven Charakter der Arbeitsbeziehungen im Blickfeld behielt.

Vor diesem Hintergrund bildete sich die führende Lehre heraus, die die Eigentümlichkeiten des Arbeitsrechts gegenüber dem bürgerlichen Recht betonte[10]. Diese Strömung der Lehre kann in den Schlagwörtern „Abhängigkeit der Arbeit", „Recht auf Existenz" und „Kollektivismus" zusammengefasst werden[11].

II. Ursachen der Veränderungen des Verständnisses zum Verhältnis von bürgerlichem Recht und Arbeitsrecht

1. Veränderung der Arbeitsbeziehungen und Reflexion über die führende Lehre

Das Hochwachstum der Wirtschaft, das 1955 begann und mit kleineren Schwankungen bis Ende der 80er Jahre andauerte, hat zu Änderungen in den

9 So ausdrücklich *Suehiro*, der einer der führenden Vertreter der Arbeitsrechtslehre bis kurz nach dem Zweiten Weltkrieg war (Artikel „Arbeitsvertrag", in: Hôritsugaku-jiten, Bd. 4, 1936, S. 2777 ff.).

10 Allerdings warnte etwa *Ishii,* Shinpan rôdô-hô (Arbeitsrecht, Neue Auflage), 1971, S. 21 f. davor, die Besonderheiten des Arbeitsrechts übermäßig zu betonen.

11 *Nishitani*, Rôdô-hô ni okeru ningen-zô o kangaeru (Über das Menschenbild im Arbeitsrecht), in: Hôgaku-zasshi, 54-4, 2008, S. 1698 ff.

Arbeitsbeziehungen in verschiedener Hinsicht geführt und die Arbeitsrechtslehre zur Reflexion über die herkömmliche führende Lehre angeregt.

Zunächst brachte das rasche Wachstum eine erhebliche Besserung des Lebensstandards mit sich. Dadurch verschoben sich die Interessen der Bevölkerung allmählich. Sie suchte neben der Besserung des wirtschaftlichen Lebens nach geistiger Zufriedenheit und Selbstverwirklichung. Der Arbeitskräftemangel infolge des Hochwachstums verbesserte die Position der Arbeitnehmer gegenüber dem Arbeitgeber, d.h. die Abhängigkeit der Arbeit schwächte sich ab. Aus diesen Gründen heraus legten auch Arbeitnehmer tendenziell mehr Wert auf psychische Freiheit und Selbstbestimmung in Arbeitsbeziehungen als vorher. Arbeitnehmer wurden zu einem gewissen Grad individualistischer.

Gleichzeitig stabilisierte sich die Beziehung zwischen Gewerkschaften und Arbeitgebern. Unternehmensgewerkschaften wollten nicht länger harte Kampfmaßnahmen wie lange Streiks mit gewaltsamen Streikposten durchführen. Die so genannte Frühjahrsoffensive der Gewerkschaften verlor vor allem in der Phase des Niedrigwachstums seit 1975 immer mehr an Wirkung. Andererseits wurden innerverbandliche Konflikte zwischen Gewerkschaftsfunktionären und Minderheiten schärfer. Diese Veränderungen bei den Gewerkschaften trugen insgesamt dazu bei, dass die kollektivistische Denkweise unter Arbeitnehmern sowie Arbeitsrechtlern allmählich zurückging.

Vor diesem Hintergrund begann die Lehre, über die bisherige führende Theorie zu reflektieren, die sich als Komplex aus Abhängigkeit der Arbeit, dem Recht auf Existenz und dem Kollektivismus charakterisieren lässt.

Inejirô Numata[12] beispielsweise vertrat die Auffassung, die wichtigste Rechtsidee im Arbeitsrecht sei die Menschenwürde (Art. 13 der japanischen Verfassung), die auch die Gewährleistung von Freiheitsrechten neben dem Recht auf Existenz verlange, und nicht wenige Arbeitsrechtler[13] folgten dieser Meinung. Die Verfassungsmäßigkeit der tarifvertraglichen Union-Shop-Klausel, die die Rechtsprechung und herrschende Meinung mit dem kollektivistischen Verständnis des Koalitionsrechts zu rechtfertigen suchte[14], wurde in Frage gestellt[15]. Das

---

12 *Numata*, Shakai-hoshô no shisô (Der Gedanke des Sozialrechts), in: *Numata/ Matsuo/ Ogawa* (Hrsg.), Shakai-hoshô no shisô to kenri (Der Gedanke und das Recht der Sozialen Sicherheit), 1973, S. 15 ff.; *derselbe*, Shakai-teki jinken no shisô (Der Gedanke der sozialen Grundrechte), 1980, S. 11 ff.

13 An bedeutenden Namen lassen sich etwa nennen: *Kataoka, Honda, Nakayama, Momii, Tadenuma* sowie *Yokoi.*

14 Urteil des Obersten Gerichtshofs vom 25.4.1975, Minshû 29-4-456.

wesentliche Interesse der Lehre im Bereich des Tarifrechts verschob sich von der Begründung der Unabdingbarkeit der Tarifnormen (§ 16 Gewerkschaftsgesetz) zu den Grenzen der Tarifautonomie.

Die Reflexion über einen übermäßigen Kollektivismus hatte auch ein verstärktes Nachdenken über die Position des einzelnen Arbeitnehmers im Betrieb zur Folge. Einzelne Arbeitnehmer sollten nicht mehr lediglich als Mitglieder der Betriebsgemeinschaft aufgefasst werden, deren Arbeitsbedingungen durch Tarifvertrag oder Arbeitsordnung einheitlich bestimmt werden, sondern auch als eine Vertragspartei, die auf die Bestimmung der Arbeitsbedingungen bis zu einem gewissen Grad Einfluss nehmen kann[16]. Auch für den Arbeitgeber, der bestrebt ist, Entgelt und andere Arbeitsbedingungen nach dem Leistungsprinzip einzeln zu bestimmen, sollte der Arbeitsvertrag oder die individuelle Vereinbarung eine wichtigere Rolle spielen als bisher. So ist man sich des juristisch selbstverständlichen Prinzips, dass die Beziehung zwischen Arbeitnehmer und Arbeitgeber auf dem Arbeitsvertrag beruht und dass daher der Arbeitsvertrag auch im Arbeitsrecht ein elementarer Faktor ist, in dieser Zeit aufs Neue bewusst worden.

2. Relativierung der Besonderheiten des Arbeitsrechts

Die Reflexion über die frühere Lehre steht in engem Zusammenhang mit der Änderung der allgemeinen Meinung zum Problem des Verhältnisses zwischen bürgerlichem Recht und Arbeitsrecht. Alle oben genannten Tendenzen zeigen, dass die Besonderheiten des Arbeitsrechts gegenüber dem bürgerlichen Recht nicht übermäßig betont werden sollten.

Auch die Tatsache, dass das Arbeitsrecht sich bereits als ein besonderes Rechtsgebiet gefestigt hatte, ermöglichte es, das Verhältnis zwischen bürgerlichem und Arbeitsrecht objektiver zu betrachten, ohne die gemeinsame Grundlage der beiden Gebiete außer Acht zu lassen.

Ferner wurde es auch aus einem anderen Grund erforderlich, die Gemeinsamkeit der beiden Gebiete zu erfassen. Das bürgerliche Recht, das ursprünglich das Menschenbild der abstrakten Person, des „*homo oeconomicus*“, voraussetzte,

15 *Nishitani*, Union-shop-kyôtei no sai-kentô (Überprüfung der Rechtmäßigkeit der Union-Shop-Klausel) in: Rôdô-kumiai-hô no riron-kadai (Festschrift für *Kubo*), 1980, S. 52 ff.; *derselbe*, Rôdô-hô ni okeru kojin to shûdan (Individuen und Kollektive im Arbeitsrecht), 1991, S. 113 ff.

16 *Nishitani*, Kisei ga sasaeru jiko-kettei (Sicherung der Selbstbestimmung durch Regulierung), 2004, S. 211 ff.

hatte sich nämlich inzwischen stark geändert, indem es Gesetze zum Schutz von Mietern und zum Verbraucherschutz in sein System aufgenommen hatte. Das Arbeitsrecht war nicht mehr das einzige Rechtsgebiet, das Partei für schwächere Parteien ergreifen sollte[17]. Grundsätze, die sich im Arbeitsrecht entwickelt hatten, waren auch in bestimmten Bereichen des bürgerlichen Rechts anwendbar (z.B. Kündigungsschutz), und einige Vorschriften im bürgerlichen Recht konnten im Arbeitsrecht analog angewendet werden (z.B. Regelung der allgemeinen Geschäftsbedingungen).

In dieser Zeit hat die Lehre die Besonderheiten des Arbeitsrechts also zwar nicht verneint, aber in einer stark relativierten Form verstanden.

3. Veränderungen der Gesellschaft seit 1990

(1) „Neue Klassengesellschaft“

Die Arbeitsbeziehungen als Grundlage des Arbeitsrechts haben sich in der Folgezeit der langen Rezession seit 1990 allerdings wieder stark geändert. Im Ganzen ist der Grad der Abhängigkeit der Arbeit dabei höher geworden.

Beachtenswert ist, dass in dieser Zeit die Zahl atypischer Arbeitnehmer (Teilzeitbeschäftigte, Leiharbeitnehmer, Jobber, „Vertragsarbeitnehmer“ usw.) sprunghaft zugenommen hat. Ihr Anteil an der Zahl der Beschäftigten, der im Jahre 1990 etwa 20% betrug, ist 2010 bis auf 35% gestiegen. Ihre Beschäftigung ist unsicher, weil ihre Arbeitsverträge normalerweise befristet sind. Außerdem bekommen sie viel weniger Entgelt als entsprechende Stammarbeitnehmer, weil kein Diskriminierungsverbot wegen der Beschäftigungsform vorgeschrieben ist. Sog. „working poor“s, deren Jahresgehalt weniger als 2 Millionen Yen beträgt, haben sich rasch vermehrt, und deren Anzahl beträgt mittlerweile mehr als 10 Millionen. Auch die Zahl der Sozialhilfe-Empfänger ist bis auf 2,5 Millionen gestiegen. Die Armut, die in Japan seit langem vergessen war, ist ein bedenkliches Sozialproblem geworden[18]. Infolgedessen wird die Bedeutung des Rechts auf Existenz vielfach in neuem Licht betrachtet.

In dieser Situation hat sich das Stichwort der „neuen Klassengesellschaft“ etwa seit 2000 stark verbreitet. Das Wort ist allerdings insofern leicht missverständlich, als dabei manchmal die Tatsache übersehen wird, dass Stammarbeitneh-

---

17 So auch *Richardi*, a.a.O. (Fn. 2), S. 21 ff.

18 *Nishitani*, Jinken to shite no decent work (Decent Work als Menschenrecht), 2011, S. 60 ff.

mer, die im Vergleich mit atypischen Arbeitnehmern viel mehr verdienen, auf der anderen Seite oft zu extrem langen Arbeitszeiten gezwungen werden, was zum Teil sogar zum Tod durch Überarbeitung, dem so genannten „*Karôshi*", oder zu psychischen Krankheiten führen kann. Auch solche Stammarbeitnehmer sind stark vom Arbeitgeber abhängig, so dass auch für sie die Verwirklichung des Rechts auf Existenz eine dringende Aufgabe darstellt[19].

Diese Erkenntnis hat dazu geführt, dass man die Besonderheiten des Arbeitsrechts, das von der Abhängigkeit der Arbeitnehmer ausgeht und auf einer anderen Rechtsidee als der der Freiheit und Gleichheit im bürgerlichen Recht beruht, erneut erkennt.

(2) Untergang der Gewerkschaften und Zunahme der individuellen Streitigkeiten

In der langen Rezession seit 1990 ist die Stärke der Gewerkschaften sowohl quantitativ als auch qualitativ zurückgegangen. In Gewerkschaften organisieren sich jetzt nur noch 17,9% aller Arbeitnehmer. Die Gewerkschaften verlieren ihren Einfluss auf die Bestimmung der Arbeitsbedingungen noch stärker als früher, was sich in der extrem geringen Zahl von Streiks typischerweise spiegelt.

Aus dem Zurückgehen der Gewerkschaften folgt, dass Streitigkeiten zwischen Arbeitnehmer und Arbeitgeber nicht mehr so gut durch kollektive Verhandlungen gelöst werden können, und dass daher einzelne Arbeitnehmer zur Lösung von Konflikten vermehrt auf öffentliche Organe angewiesen sind, um ihre Rechte geltend zu machen. Um 1990 wurden jährlich nur etwa 1000 Fälle vor Gericht gebracht. Demgegenüber wurden im Jahre 2010 mehr als 3000 Klagen erhoben und etwa 3500 Anträge auf Durchführung des gerichtlichen Schlichtungsverfahrens, das 2006 eingerichtet worden war, gestellt. Darüber hinaus wurden 6500 Fälle in Schlichtungsverfahren vor Arbeitsämtern behandelt. So ist in diesen 20 Jahren die Zahl von Streitigkeiten, die vor öffentliche Organe gebracht werden, etwa auf das 15-fache gestiegen.

In dieser Situation interessiert sich die Lehre immer mehr für das Individualarbeitsrecht. Insgesamt ist ein sehr deutlicher Rückgang des Kollektivismus im Arbeitsrecht zu beobachten.

---

19 *Nishitani*, a.a.O. (Fn. 18), S. 235 ff.

(3) Neoliberalismus und Deregulierung des Arbeitsrechts

In der Rezession und der Globalisierung der Wirtschaft sind auch in Japan, wo die arbeitsrechtliche Regulierung im Vergleich zu Deutschland schon viel lockerer ausgeprägt war, Forderungen nach einer Deregulierung des Arbeitsrechts immer stärker geworden. Diese Forderungen wurden durch eine Erhöhung der Höchstdauer von befristeten Arbeitsverträgen (1998) und die grundsätzliche Liberalisierung der Arbeitnehmerüberlassung (1999) usw. verwirklicht. Die Deregulierungsforderungen beruhen wie überall auf dem Neoliberalismus, der versucht, arbeitsrechtliche Regelungen auf ein Minimum zu reduzieren und dadurch die Rechtslage bis zu der des bürgerlichen Rechtssystems im 19. Jahrhundert zurückzudrehen.

Seit etwa 2000 wird jedoch an der neoliberalistischen Denkweise immer heftiger kritisiert, dass die übermäßige Deregulierung des Arbeitsrechts die neue Klassengesellschaft herbeigeführt habe. Diese Kritik erreichte ihren Höhepunkt, als nach dem Lehman-Schock von 2008 viele befristete Arbeitnehmer und Leiharbeitnehmer plötzlich, vor dem Ablauf der Frist, entlassen wurden. Das Streben nach einer Wiedereinführung der Regulierung des Arbeitsrechts hat eine Novellierung des Gesetzes über Teilzeitbeschäftigte (2007), des Arbeitnehmerüberlassungsgesetzes und des Arbeitsvertragsgesetzes (2012) mit sich gebracht. Die Forderung nach weiterer Deregulierung ist jedoch vor allem nach der Katastrophe in Ostjapan noch stärker geworden.

Bemerkenswert ist dabei, dass die Neoliberalisten in Japan nicht, wie in Deutschland, ihre Angriffe gegen Gewerkschaften und Tarifverträge richten. Sie behaupten vielmehr, dass die Regelung der Arbeitsbedingungen möglichst kollektiven Verhandlungen auf Unternehmensebene überlassen werden soll, um gesetzliche Eingriffe in Arbeitsbeziehungen so weit wie möglich zu vermeiden. Insoweit ist der Neoliberalismus in Japan kollektivistisch.

Andererseits betonen Arbeitgeber neuerdings oft die Bedeutung der Vertragsfreiheit. In der Praxis verlangt der Arbeitgeber bei Lohnkürzungen, bei von Arbeitgeberseite aus angeregtem Ausscheiden oder sogar bei einer Kündigung durch den Arbeitgeber immer häufiger ein schriftliches Einverständnis des Arbeitnehmers. Eine solche Tendenz ist durch den Erlass des Arbeitsvertragsgesetzes von 2007 gefördert worden, das großen Wert auf gegenseitiges Einverständnis von Arbeitnehmer und Arbeitgeber legt (§ 3 Abs. 1). Wenn Beziehungen zwischen Arbeitnehmer und Arbeitgeber durch Arbeitsvertrag und andere individuelle Vereinbarungen geregelt werden, bedeutet dies auf der einen Seite eine

Modernisierung der Arbeitsbeziehungen. Zugleich zwingt uns dies jedoch auch dazu, darüber nachzudenken, wie groß die Diskrepanz zwischen der Vertragsform und der Realität ist, vor allem in einer Zeit, in der die Abhängigkeit des Arbeitnehmers vom Arbeitgeber immer stärker wird. Die Erkenntnis dieser Diskrepanz war gerade der Ausgangspunkt in der Entwicklung des Arbeitsrechts.

(4) „Bürgerliches Recht und Arbeitsrecht" in der neuen Phase

Die Situation seit den 1990er Jahren im Hinblick auf das Verhältnis zwischen dem bürgerlichen Recht und dem Arbeitsrecht ist sehr komplex. Einerseits ist die Abhängigkeit der Arbeitnehmer stärker geworden, obwohl die Erscheinungsformen der Abhängigkeit unter Stammarbeitnehmern und atypischen Arbeitnehmern unterschiedlich sind. Die Rechtsidee des „Rechts auf Existenz" und damit auch die Besonderheit des Arbeitsrechts muss daher erneut gewürdigt werden.

Andererseits bedeutet die Forderung des Neoliberalismus nach „mehr Markt" und „möglichst geringer arbeitsrechtlicher Regulierung" die Rückkehr zum bürgerlichen Rechtssystem des 19. Jahrhunderts. So stehen sich gegenwärtig zwei Positionen zum Verhältnis von bürgerlichem Recht und Arbeitsrecht scharf gegenüber.

Allerdings will auch die Lehre, die die Besonderheiten des Arbeitsrechts betont, nicht zur Denkweise in der Anfangsphase des Arbeitsrechts kurz nach dem Zweiten Weltkrieg zurückkehren. Unter Arbeitnehmern gibt es heute große Unterschiede hinsichtlich des Entgelts, der Arbeitszeiten, Beschäftigungsformen, Lebensanschauungen usw. Das Arbeitsrecht darf diese Mannigfaltigkeit nicht mehr dadurch außer Acht lassen, dass es Arbeitnehmer stereotypisch als Kollektivmenschen zu erfassen sucht.

Man hat früher von den Gewerkschaften erwartet, dass sie die Hauptrolle bei der Gestaltung der Arbeitsbedingungen spielen. Sie sind jedoch, wie oben erwähnt, viel schwächer geworden. Für den Kollektivismus besteht somit keine solide Grundlage mehr.

Auch die Tatsache, dass der Arbeitsvertrag in Arbeitsbeziehungen eine wichtigere Rolle spielt als früher, darf nicht übersehen werden. In dieser Hinsicht hat sich die gemeinsame Basis des bürgerlichen Rechts und des Arbeitsrechts erweitert. Insgesamt kann gesagt werden, dass das Verhältnis zwischen bürgerlichem

Recht und Arbeitsrecht sich damit verkompliziert hat und einen äußerst komplexen Problemkreis darstellt.

III. Die Zukunft des Arbeitsrechts mit Blick auf das Verhältnis zwischen bürgerlichem Recht und Arbeitsrecht – sieben Thesen

(1) Da die Grundlage der Besonderheiten des Arbeitsrechts gegenüber dem bürgerlichen Recht die Abhängigkeit der Arbeitnehmer ist, besteht das Arbeitsrecht solange als ein besonderes Rechtsgebiet mit besonderen Rechtsideen wie dem Recht auf Existenz fort, wie die Abhängigkeit der Arbeitnehmer fortbesteht. In absehbarer Zeit wird die Abhängigkeit der Arbeit dabei nicht in einem solchen Maß abnehmen, dass man sie ignorieren könnte.

(2) Die Fähigkeit der Gewerkschaften zur Mitwirkung bei der Bestimmung der Arbeitsbedingungen könnte in Zukunft noch weiter zurückgehen. Auch ein neues System der Arbeitnehmervertretung auf Betriebsebene, über das derzeit heftig diskutiert wird, würde nur begrenzte Funktionen haben. Die Grundlage der kollektivistischen Denkweise würde damit also noch schwächer. Umso wichtiger wäre eine gesetzliche Festsetzung von Mindestbedingungen, um menschenwürdige Lohn- und Arbeitsbedingungen (§ 1 Abs. 1 Arbeitsstandardgesetz) zu wahren.

(3) Das Arbeitsrecht hat eine gemeinsame Basis mit dem bürgerlichen Recht in dem Sinne, dass auch im Arbeitsrecht Vertragsfreiheit und Selbstbestimmung der Arbeitnehmer wichtige zu verwirklichende Werte sind. Man darf nicht mehr einseitig nur die Besonderheiten des Arbeitsrechts gegenüber dem bürgerlichen Recht betonen. Angesichts der faktischen Abhängigkeit der Arbeitnehmer muss man jedoch bei der juristischen Behandlung des von einzelnen Arbeitnehmern zum Ausdruck gebrachten Willens sehr vorsichtig sein. Das Gericht sollte sorgfältig prüfen, ob der erklärte Wille dem wahren Willen des Arbeitnehmers entspricht. Dem Arbeitnehmer sollte ferner ein Widerrufsrecht bei Willenserklärungen über für den Arbeitnehmer bedeutende Fragen (z.B. eine vom Arbeitgeber vorgeschlagene Arbeitnehmerkündigung) eingeräumt werden.

(4) Nicht wenige Selbständige sind genauso schutzbedürftig wie Arbeitnehmer. Auch in dieser Hinsicht ist es nicht zutreffend, das Arbeitsrecht von anderen Rechtsgebieten wie dem bürgerlichen Recht scharf zu unterscheiden. Vorschriften und Grundsätze für Arbeitnehmerschutz sollten auf Selbständige, soweit er-

forderlich und zutreffend, analog angewendet werden. Dieser Aspekt ist auch bei der Diskussion um den Arbeitnehmerbegriff zu berücksichtigen, wobei es die wichtigste Fragestellung bei diesem Problem ist, wie man eine Rechtsumgehung in Form der Scheinselbständigkeit verhindern kann.

(5) Die Personen, die im Arbeitsverhältnis Arbeitnehmer sind, haben als Menschen verschiedene Seiten. Sie sind Verbraucher, Steuerzahler, Familienangehörige, Versicherte bei der Sozialversicherung und Nutznießer von verschiedenen öffentlichen Leistungen. Das Arbeitsrecht sollte diese verschiedenen Seiten des Arbeitnehmers möglichst im Auge behalten, um sachgemäße Lösungen zu bieten. Daraus folgt, dass das Arbeitsrecht immer im Zusammenhang mit anderen Rechtsgebieten, auch mit dem bürgerlichen Recht, gesehen werden sollte.

(6) Das japanische bürgerliche Gesetzbuch mit nur neun Vorschriften zum Dienstvertrag ist offensichtlich unzulänglich, um arbeitsrechtliche Probleme zu lösen. Die derzeit in Japan geplante Reform des Schuldrechts wird verschiedene indirekte Auswirkungen auf das Arbeitsrecht haben. Man darf diese Wirkungen jedoch nicht überschätzen. Der Forderung, dass der Arbeitsvertrag vornehmlich oder zumindest auch im JBGB geregelt werden solle[20], ist nicht zuzustimmen. Erstens würden dann die Besonderheiten des Arbeitsrechts, das von der Abhängigkeit der Arbeit ausgeht, nicht zum Ausdruck kommen. Zweitens würde das arbeitsrechtliche Gesetzessystem noch komplizierter, da das Arbeitsstandardgesetz, das sowohl öffentlich-rechtlichen als auch privatrechtlichen Charakter hat, auch im Bereich des Arbeitsvertragsrechts noch immer eine wichtige Rolle spielt.

Wenn man das Arbeitsrecht reformieren will, um es an die stark veränderte heutige Wirtschaft und Gesellschaft anzupassen, sollten vielmehr die arbeitsrechtlichen Gesetze in verschieden Punkten revidiert werden. Vor allem muss das Arbeitsvertragsgesetz von 2007 dringend verbessert werden, nachdem Einigkeit darüber besteht, dass dieses Gesetz auch nach der Revidierung von 2012 noch viele schwerwiegende Lücken aufweist.

(7) Mit der Globalisierung der Wirtschaft und der Erweiterung der Märkte für Waren, Geld und Personal wird das internationale Wirtschafts- und Zivilrecht eine noch wichtigere Rolle spielen. Dementsprechend besteht für das Arbeits-

20 *Wada*, Shisô to shite no minpô to rôdô-hô (Bürgerliches Recht und Arbeitsrecht als Rechtsgedanken), in: Hôritsu-jihô, 2010, Heft 10. Vgl. zu diesem Thema auch *Löwisch*, Kodifizierung des Arbeitsvertragsrechts im Bürgerlichen Gesetzbuch, ZfA 2007, S. 1 ff.

recht, das eigentlich nationalen Charakter hat, die Gefahr, dass es noch machtloser wird. Um die Funktion des Arbeitsrechts als einem besonderen Rechtsgebiet in den einzelnen Ländern zu wahren, erscheint es als wünschenswert, ein globales Arbeitsrecht zu schaffen, was aber selbstverständlich nicht einfach sein wird. Zumindest muss die Funktion der ILO verstärkt werden. Ferner können bilaterale oder multilaterale Verträge arbeitsrechtliche Regelungen treffen, wobei man sich jedoch stets bewusst sein muss, dass die Gefahr bestehen kann, dass dabei der Standard eines starken Landes wie den USA anderen Ländern aufgezwungen wird, was zu weiteren Schwierigkeiten für das Arbeitsrecht in den betreffenden Ländern führen kann[21].

21 Heftig diskutiert wird momentan, ob Japan der TPP (Trans-Pacific Partnership) beitreten soll. Die Teilnahme würde auch im Bereich der Arbeit und Beschäftigung nicht unerhebliche Auswirkungen haben.

Das Verhältnis von Arbeitsrecht und Bürgerlichem Recht in Deutschland

Rechtsanwalt Professor Dr. Dr. h.c. Manfred Löwisch, Freiburg/Lahr (Schwarzwald)

I. Privatautonomie als gemeinsame Grundlage

1. Individualvertragsfreiheit

Für das Arbeitsrecht ist die Individualvertragsfreiheit seit der Gewerbeordnung für den Norddeutschen Bund vom 21.6.1869[1] anerkannt. Deren § 105 Absatz 1 hat bestimmt:

„Die Festsetzung der Verhältnisse zwischen den selbstständigen Gewerbetreibenden und ihren Gesellen, Gehilfen und Lehrlingen ist Gegenstand freier Übereinkunft."

Diese Anerkennung der Arbeitsvertragsfreiheit bedeutet einen ganz grundsätzlichen Wandel. Der Arbeitnehmer sollte nicht mehr der unfreie „Hörige", also der Knecht seines Herrn sein, sondern eine freie Person. Der soziale Schutz, den das Verhältnis des Hörigen zum Herrn gewährleistete, kam dabei freilich zu kurz. Ihn sicherzustellen, wurde Aufgabe des Arbeitsrechts. *Radbruch* hat das in seiner Einführung in die Rechtswissenschaft[2] so formuliert:

„Die Aufgabe des neuen Arbeitsrechts ist es, das Menschenrecht des Arbeiters zur Geltung zu bringen, auf neuer Ebene, auf der Ebene persönlicher Freiheit, das Arbeitsverhältnis doch wiederum als ein personenrechtliches Verhältnis auszugestalten."

Seit Inkrafttreten des BGB am 1. Januar 1900 gilt die Vertragsfreiheit allgemein. Ihren Ausdruck hat sie in den §§ 305 (jetzt 311) und 241 BGB gefunden. Danach ist zur Begründung eines Schuldverhältnisses ein Vertrag erforderlich und berechtigt das Schuldverhältnis den Gläubiger, von dem Schuldner eine Leis-

1 Gesetzblatt des Norddeutschen Bundes 1869, S. 245 ff.

2 *Radbruch*, Einführung in die Rechtswissenschaft, 8. Auflage 1929, S. 98.

tung zu fordern. Die Motive zum BGB aus dem Jahr 1888[3] erläutern das mit den Worten:

„Vermöge des Prinzips der Vertragsfreiheit, von welchem das Recht der Schuldverhältnisse beherrscht wird, können die Parteien ihre Rechts- und Vertragsbeziehungen nach ihrem Ermessen mit obligatorischer Wirkung unter sich bestimmen, soweit nicht allgemeine oder bestimmte absolute Gesetzesvorschriften entgegenstehen".

An dieser allgemeinen, für den Arbeitsvertrag wie für alle anderen Verträge gleichermaßen geltenden Grundlage hat sich bis heute nichts geändert. Sie ist nunmehr sogar verfassungsrechtlich verankert: Aus den Grundrechten der Berufsfreiheit (Artikel 12 Absatz 1 des Grundgesetzes) und der allgemeinen Handlungsfreiheit (Artikel 2 Absatz 1 des Grundgesetzes) entnimmt man die Gewährleistung der Vertragsfreiheit einschließlich der Arbeitsvertragsfreiheit.

2. Kollektivvertragsfreiheit

§ 152 Absatz 1 der schon erwähnten Gewerbeordnung für den Norddeutschen Bund hat auch die Kollektivvertragsfreiheit anerkannt. Er hat

„alle Verbote und Strafbestimmungen gegen Gewerbetreibende, gewerbliche Gehilfen, Gesellen oder Fabrikarbeiter wegen Verabredung und Vereinigungen zum Behufe der Erlangung günstigerer Lohn- und Arbeitsbedingungen, insbesondere mittels Einstellung der Arbeit oder Entlassung der Arbeiter"

aufgehoben. Auch wenn dabei der jederzeitige Rücktritt von einer Koalitionsabsprache zugelassen (§ 152 Absatz 2) und ihre Klagbarkeit ausgeschlossen (§ 153) wurde, so bedeutete das doch die Öffnung der Rechtsordnung für die Entwicklung des Kollektivvertragsrechts im Arbeitsrecht. Dementsprechend hat sich das Kollektivvertragswesen rasch entwickelt: Als erster Tarifvertrag wurde 1873 der Buchdruckertarif abgeschlossen, 1891 folgte der Bauarbeitertarif, im Jahre 1913 gab es bereits 13.000 Tarifverträge. Diese Verträge entfalteten zwar keine normative Wirkung. Als Verträge waren sie aber schuldrechtlich verbind-

---

3 Motive zum BGB II 2 zur Entwicklung der Vertragsfreiheit *L. Raiser,* Vertragsfreiheit heute, Juristenzeitung 1958, S. 1 ff.; siehe zur Vertragsfreiheit auch Staudinger/*Löwisch/Feldmann*, 2012, § 311 BGB Rn 1 ff.

lich, so dass die Tarifvertragsparteien voneinander verlangen konnten, für die Einhaltung der Tarifverträge zu sorgen.[4]

Als Konsequenz des Umbruchs nach dem 1. Weltkrieg erhielten die Kollektivverträge dann auch normativen Charakter, geregelt in § 1 der Verordnung über Tarifverträge vom 23.12.1918[5]. In der Folge waren schon 1922 14,2 Millionen Arbeitnehmer von Tarifverträgen erfasst.

Parallel entwickelte sich auch das Arbeitskampfrecht. Markstein ist das Urteil des Reichsgerichts vom 12.7.1906[6]. Es hat in Abkehr von seiner vorherigen strafrechtlichen Rechtsprechung formuliert:

„Zu den an sich erlaubten Handlungen gehören auch die Koalitionen gewerblicher Arbeiter zur Erlangung günstiger Lohn- und Arbeitsbedingungen, und die zur Erreichung dieses Zwecks von solchen Koalitionen oder ihnen zur Seite tretenden Personen ergriffenen Maßnahmen sind keineswegs schon deshalb rechtswidrig, weil durch sie bestehende selbstständige Gewerbebetriebe geschädigt werden."

Die Zeit des Nationalsozialismus hat dann das Kollektivvertragsrecht beseitigt. Das Spannungsverhältnis zwischen Gewerkschaften und Arbeitgebern, auf dem es beruht, widersprach dem ständischen Gedanken. Unternehmer und Arbeitnehmer wurden in der Deutschen Arbeitsfront zusammengeführt. Die Regelung der Arbeitsbedingungen erfolgte nach dem Gesetz zur Ordnung der nationalen Arbeit vom 20.1.1934[7] statt wie bisher durch Tarifverträge nun durch Tarifordnungen. Diese wurden von den „Treuhändern der Arbeit" erlassen, die Reichsbeamte waren.

Nach dem Zusammenbruch des Nationalsozialismus ist schon vor Gründung der Bundesrepublik Deutschland das Kollektivvertragsrecht wieder hergestellt worden. Noch in der Zeit des Vereinigten Wirtschaftsgebiets der drei westlichen Besatzungszonen ist am 9.4.1949 das heute noch geltende Tarifvertragsgesetz erlassen worden.[8] Es hat, ebenso wie das Arbeitskampfrecht, dann in Artikel 9 Absatz 3 des Grundgesetzes eine verfassungsrechtliche Basis gefunden.

---

4 Zur Entwicklung *Löwisch*, Gesetzgebung und Rechtsprechung zum Wirtschafts-, Unternehmens- und Arbeitsrecht seit der Gewerbeordnung für den Norddeutschen Bund, Juristische Schulung 1973, S. 9, 10 f.

5 Reichsgesetzblatt I S. 2456 ff.

6 RGZ 64, 56.

7 Reichsgesetzblatt I S. 45.

8 Gesetzblatt der Verwaltung des Vereinigten Wirtschaftsgebiets 1949, S. 55.

Die Rechtsfigur des Kollektivvertrages mit normativer Wirkung ist bis heute im Wesentlichen auf das Arbeitsrecht beschränkt. Lediglich für Urhebervergütungen ist in § 36 Urheberrechtsgesetz ein tarifähnliches Kollektivvertragssystem gesetzlich installiert. Im Übrigen sind Zusammenschlüsse potentieller Vertragspartner auf die Aufstellung von Musterregelungen beschränkt. Zu denken ist etwa an die von den Haus- und Grundstücksbesitzervereinen aufgestellten Mustermietverträge und die nach § 24 des Gesetzes gegen Wettbewerbsbeschränkungen von Wirtschafts- und Berufsvereinigungen für ihren Bereich aufgestellten Wettbewerbsregeln.

3. Grenzen

a) Allgemeine Grenzen

Die Privatautonomie findet, im Arbeitsrecht wie außerhalb des Arbeitsrechts, ihre Grenze am zwingenden Gesetz. Ich erinnere an den Vorbehalt in der bereits zitierten Stelle der Motive zum BGB

… „soweit nicht allgemeine oder bestimmte absolute Gesetzesvorschriften entgegenstehen."

Die heutige Fassung von § 105 Absatz 1 der Gewerbeordnung formuliert im gleichen Sinne:

… „soweit nicht zwingende gesetzliche Vorschriften, Bestimmungen eines anwendbaren Tarifvertrags oder eine Betriebsvereinbarung entgegenstehen."

Dementsprechend gelten zunächst die allgemeinen im BGB enthaltenen Grenzen der Privatautonomie auch im Arbeitsrecht. Hungerlöhne sind, gleichgültig ob sie im Individualarbeitsvertrag oder im Kollektivvertrag vereinbart sind, nach § 138 Absatz 1 BGB sittenwidrig und nichtig; an ihre Stelle tritt nach § 612 Absatz 2 BGB die übliche Vergütung.[9]

Verstöße gegen Treu und Glauben (§ 242 BGB) müssen sich Arbeitsvertragsparteien und Kollektivvertragsparteien in gleicher Weise wie alle anderen Vertragsparteien entgegenhalten lassen. Die Vorschriften über die Störung der Geschäftsgrundlage (§§ 313 f BGB) gelten wie im übrigen Bürgerlichen Recht auch im Arbeitsrecht. Nur muss im Tarifvertragsrecht die in § 313 Absatz 1 BGB primär vorgesehene richterliche Vertragsanpassung ausscheiden, weil sie

---

9 Siehe zuletzt Bundesarbeitsgericht vom 16. Mai 2012, 5 AZR 268/11,BeckRS 2012, 7162.

sich mit dem aus Artikel 9 Absatz 3 Grundgesetz folgenden Verbot der Tarifzensur nicht verträgt.

Aber auch sonstiges zwingendes Gesetzesrecht ist einzuhalten. Weder der Arbeitsvertrag noch der Tarifvertrag kann von allgemein geltenden öffentlich-rechtlichen Pflichten, etwa Sicherheitsmaßnahmen für gefährliche Anlagen dispensieren.

b) Bereichsspezifische Grenzen

Für jeden der Vertragsfreiheit offen stehenden Rechtsbereich gelten auf ihn zugeschnittene spezifische Grenzen. Das ist für den Individualvertrag und den Kollektivvertrag im Arbeitsrecht nicht anders als für den Wohnungsmietvertrag (§§ 549 ff BGB), den Reisevertrag (§§ 651a ff BGB), den Darlehensvertrag (§§ 488 ff BGB) und den Vertrag über Zahlungsdienste (§§ 675e ff BGB). Naturgemäß sind aber die Grenzen im Arbeitsrecht besonders ausgeprägt. Sie manifestieren sich nicht nur im öffentlich-rechtlichen Arbeitsschutzrecht, welches Arbeitsvertrag und Kollektivvertrag zu beachten haben. Vielmehr gilt ein ganzer Katalog von Spezialgesetzen auch für die Gestaltung des Arbeitsvertrages. Er reicht von den zwingenden Bestimmungen über den Arbeitsvertrag im BGB, im Handelsgesetzbuch und in der Gewerbeordnung über das Arbeitnehmerüberlassungsgesetz, das Betriebsrentengesetz, das Bundeselterngeld- und Elternzeitgesetz, das Bundesurlaubsgesetz, das Entgeltfortzahlungsgesetz, das Kündigungsschutzgesetz und das Nachweisgesetz bis hin zum Teilzeit- und Befristungsgesetz und zum Wissenschaftszeitvertragsgesetz.

Eine Besonderheit sind dabei die tarifdispositiven Regelungen. Vielfach nimmt das Gesetz seine zwingende Wirkung gegenüber Tarifverträgen zurück, so dass von seinen Vorschriften zwar nicht durch den Arbeitsvertrag wohl aber durch Tarifverträge abgewichen werden kann. Dies gilt etwa für die Länge der Kündigungsfristen (§ 622 Absatz 4 BGB), für die Begrenzung der täglichen Arbeitszeit auf acht Stunden (§ 7 Arbeitszeitgesetz), für eine Reihe von Bestimmungen über den Urlaub (§ 13 Bundesurlaubsgesetz) und für die Bestimmungen über die Arbeit auf Abruf und die Arbeitsplatzteilung (§ 12 Absatz 3 und § 13 Absatz 3 Teilzeit- und Befristungsgesetz).

II. Verhältnis zur Wirtschafts- und Gesellschaftsordnung

1. Marktwirtschaft

Wie auch in Japan und den allermeisten anderen Staaten der Welt ist die Wirtschaftsordnung in Deutschland vom Prinzip der Marktwirtschaft geprägt. Der

Austausch von Gütern und Leistungen ist dem freien Spiel von Angebot und Nachfrage überlassen. Der Preis als Anzeiger der Knappheit von Gütern soll die Vielzahl von Einzelplänen der Wirtschaftssubjekte koordinieren und allen Beteiligten ein wirtschaftlich optimales Ergebnis ermöglichen. Wesentliche wirtschaftliche Zielgröße ist dabei nach wie vor das Wachstum, weil nur so das gesellschaftspolitische Ziel einer ständigen Verbesserung der Bedürfnisbefriedigung erreicht werden kann.

Ihrer Idee nach ist die Marktwirtschaft auf Autonomie angelegt. Die Notwendigkeit gesetzlicher Regelung anerkennt sie uneingeschränkt nur zu dem Zweck, eine gute Ordnung herzustellen, insbesondere die Lauterkeit des Wettbewerbs zu wahren und den Wettbewerb gegen die Unterhöhlung durch die Beteiligten selbst zu schützen. Verbot des unlauteren Wettbewerbs und Verbot von Wettbewerbsbeschränkungen sind dafür die Stichworte.

Dass die kollektive Ebene als Grundlage der Auseinandersetzung der Gegenkräfte am Arbeitsmarkt akzeptiert wird, hat freilich zur Konsequenz, dass das Verbot von Wettbewerbsbeschränkungen für den Tarifvertrag grundsätzlich nicht gelten kann. Das trifft immer noch zu, obwohl § 1 des Gesetzes gegen Wettbewerbsbeschränkungen seit dem 1.1.1999 sich nicht mehr nur auf den „Verkehr mit Waren oder gewerblichen Leistungen" bezieht, sondern ganz allgemein auf Vereinbarungen, die „eine Verhinderung, Einschränkung oder Verfälschung des Wettbewerbs bezwecken oder bewirken". Zwar ist damit das Verhalten von Unternehmen auf dem Arbeitsmarkt grundsätzlich in das Kartellverbot einbezogen. Aber die Zulassung normativ wirkender Tarifverträge durch § 1 Absatz 1 Tarifvertragsgesetz hat nach wie vor den Vorrang. Allerdings gilt dieser Vorrang eben nur soweit die Tarifmacht reicht. Die Umsetzung von Kollektivverträgen, die außerhalb der Tarifmacht liegen, muss sich am Kartellverbot messen lassen. Bestimmungen wie die des Stahltarifabschlusses 2010, nach denen Mitgliedsunternehmen des Arbeitgeberverbandes verpflichtet werden, darauf hinzuwirken, dass dritte Unternehmer, nämlich Leiharbeitgeber, ihren Arbeitnehmern bestimmte Entgelte bezahlen, begegnen insoweit rechtlichen Bedenken.[10]

Die gute Ordnung des Wettbewerbs kann nicht nur durch unlauteren Wettbewerb und Wettbewerbsbeschränkungen verletzt werden. Auch direkt gemeinwohlschädliches Marktverhalten muss seine Grenze an der Rechtsordnung finden. Deshalb wirkt der deutsche Gesetzgeber inzwischen mit Recht durch Novellierungen des Kreditwesengesetzes und des Versicherungsaufsichtsgesetzes

---

10 *Löwisch/Rieble*, Tarifvertragsgesetz, 3. Auflage 2012, § 1 Rn 1966 ff.

dem missbräuchlichen Marktverhalten von Banken und Versicherungsunternehmen entgegen. Dabei geht es nicht nur um das externe Marktverhalten der Unternehmen gegenüber anderen Marktteilnehmern, sondern auch um das interne Verhalten gegenüber Arbeitnehmern. Basierend auf einer neuen Bestimmung des Kreditwesengesetzes (§ 25a), ist am 6. Oktober 2010 eine Verordnung über die aufsichtsrechtlichen Anforderungen an Vergütungssysteme von Banken erlassen worden, welche variable Vergütungen der Mitarbeiter der Banken begrenzt. Entsprechende Regelungen gelten für Versicherungsunternehmen. § 45 des Kreditwesengesetzes ermöglicht die Untersagung der Auszahlung variabler Vergütungsbestandteile, wenn Gefahren für die Eigenmittelausstattung oder Liquidität von Banken bestehen. Sogar das Erlöschen von Vergütungsansprüchen kann angeordnet werden. Diese Regelungen sollen, wie der deutsche Bundesfinanzminister kürzlich erklärt hat[11], noch verschärft werden. Insbesondere soll in Zukunft die Hauptversammlung einer Aktiengesellschaft zuständig sein, weil sich die Kontrolle durch die Aufsichtsräte als nicht wirksam genug erwiesen hat.

Eigentümlicher Weise enthalten die Bestimmungen eine Ausnahme für tariflich geregelte Vergütungsbestandteile. Das ist kaum zu akzeptieren. Handlungsmaxime der Tarifvertragsparteien ist die Wahrung und Förderung der Arbeits- und Wirtschaftsbedingungen ihrer Mitglieder. Eine Verpflichtung auf das Allgemeinwohl, um das es im Kontext der der Finanzmarktstabilität dienenden Vorschriften des Kreditwesengesetzes geht, ist weder im Tarifvertragsgesetz noch in Artikel 9 Absatz 3 Grundgesetz angelegt. Damit bieten Tarifverträge keine besondere Gewähr dafür, dass ihre Entgeltregelungen die Anforderungen erfüllen, die für den Fall mangelnder Eigenmittelausstattung oder Liquidität an die Ausgestaltung variabler Vergütungssysteme zu stellen sind.

Soweit es nicht um die Ordnung des Wettbewerbs geht, stellen zwingende gesetzliche Vorschriften für die marktwirtschaftliche Theorie Beeinträchtigungen des freien Spiels der Kräfte dar. Dass schwächere Marktteilnehmer geschützt werden müssen, wird, wie schon die Vorstellung von der „sozialen" Marktwirtschaft zeigt, zwar akzeptiert. Aber es wird nach der Notwendigkeit der diesem Zweck dienenden bereits bestehenden und neu zu erlassenden Regelungen gefragt.

Diese volkswirtschaftliche Diskussion um Regulierung und Deregulierung hat die deutsche Arbeitsrechtspolitik der letzten 30 Jahre – ebenso wie die japani-

11 Siehe Frankfurter Allgemeine Zeitung vom 31. August 2012.

sche - nicht unerheblich beeinflusst.[12] Noch bis 1982 war das Arbeitsrecht durch eine unablässige fortschreitende Verdichtung der Regulierung gekennzeichnet. Die Einsicht der liberalen Seite der Koalition aus SPD und FDP, dass diese Regulierungsdichte des Arbeitsrechts mitverantwortlich war für die zunehmende Verkrustung des Arbeitsmarkts und die mangelnde Flexibilität der Arbeitsbedingungen, war dann eine der Ursachen für den Sturz der Regierung *Schmidt* im Jahr 1982. Man kann das in dem heute schon fast vergessenen Scheidebrief der damaligen Koalition, dem so genannten „Lambsdorff-Papier" nachlesen.[13]

Dementsprechend ist es unter der Regierung *Kohl* von 1982 bis 1998, erst zögerlich, dann etwas mutiger, zu Deregulierungen des Arbeitsrechts gekommen. Der erste wesentliche Schritt war das Beschäftigungsförderungsgesetz 1985. Es ließ bei Neueinstellungen die einmalige Befristung von Arbeitsverhältnissen auf 18 Monate zu, ohne – wie bis dahin die Rechtsprechung – das Vorliegen eines besonderen Sachgrundes für die Befristung und deren Dauer zu fordern. Auch schränkte es die Sozialplanpflichtigkeit von Betriebsänderungen stark ein, ja schloss sie für neu gegründete Unternehmen in den ersten vier Jahren nach der Gründung sogar aus. Damit wurde die Anpassung des Personalbestandes an einen schwankenden Bedarf erheblich erleichtert und zugleich das mit Einstellungen verbundene Risiko vermindert. In der Legislaturperiode 1990 bis 1994 kam es zu zwei weiteren beträchtlichen Deregulierungsschritten: Das neue Arbeitszeitgesetz ermöglichte eine weitreichende Flexibilisierung der Arbeitszeiten. Die Insolvenzordnung vom 5.10.1994 beschränkte für den Insolvenzfall die Kündigungsfristen auf drei Monate und schuf die Möglichkeit der Kündigung von Betriebsvereinbarungen. Zugleich begrenzte sie den Umfang von Sozialplänen und ermöglichte es, in einem, mit dem Betriebsrat vereinbarten Interessenausgleich die Arbeitnehmer, die entlassen werden müssen, namentlich zu bezeichnen, mit der Folge, dass die Betriebsbedingtheit der Kündigungen vermutet wurde und die Sozialauswahl nur auf grobe Fehlerhaftigkeit überprüft werden konnte. In der letzten Legislaturperiode der Ära *Kohl* kam es zum arbeitsrechtlichen Beschäftigungsförderungsgesetz vom 13.9.1996. Dieses setzte den für die Geltung des allgemeinen Kündigungsschutzes zu überschreitenden Schwellenwert von fünf auf 10 Arbeitnehmer herauf, beschränkte die Sozialauswahl und übertrug die Möglichkeit des Interessenausgleichs mit namentlicher Bezeichnung der zu entlassenen Arbeitnehmer vom Insolvenzrecht auf das allgemeine Arbeitsrecht. Befristete Arbeitsverträge wurden weiter erleichtert. Für die Entgeltfortzahlung

---

12 Siehe im Einzelnen: *Löwisch*, Regulierung statt Deregulierung – Die Crux deutscher Arbeitsrechtspolitik, FS Külp 1998, S. 253 ff.

13 *Lambsdorff*, Konzept für eine Politik zur Überwindung der Wachstumsschwäche und zur Bekämpfung der Arbeitslosigkeit, Zeitschrift für Sozialreform 1982, S. 693 ff.

im Krankheitsfall wurde eine Wartezeit von vier Wochen eingeführt und die Höhe auf 80 Prozent des bisherigen Arbeitsentgelts abgesenkt. Im Urlaubsrecht wurde dem Arbeitgeber die Möglichkeit gegeben, von je fünf Tagen, an denen der Arbeitnehmer infolge einer Kur an seiner Arbeitsleistung verhindert war, die ersten zwei Tage auf den Erholungsurlaub anzurechnen.

Der Machtwechsel zur rot-grünen Regierung *Schröder* vollzog dann eine scharfe Kehrtwende. Regulierungen wurden restauriert und neu kreiert. Der Schwellenwert für das Eingreifen des Kündigungsschutzes wurde wieder auf fünf Arbeitnehmer gesenkt. Die Beschränkung der Sozialauswahl wurde aufgehoben. Gestrichen wurde der Interessenausgleich mit Namensnennung. Die Entgeltfortzahlung wurde wieder auf 100 Prozent heraufgesetzt. Die Anrechnung von Kuren auf den Urlaub entfiel und die Möglichkeit der Befristung von Arbeitsverträgen ohne besonderen Grund wurde beträchtlich eingeschränkt, nämlich ausgeschlossen, wenn mit demselben Arbeitgeber „bereits zuvor" ein befristetes oder unbefristetes Arbeitsverhältnis bestanden hat.

Diese Schritte zu mehr Regulierungen sind schon von der Regierung *Schröder* selbst als Irrweg erkannt worden und unter dem Stichwort „Agenda 2010"[14] weitgehend wieder aufgehoben worden, so dass, sieht man von der vollen Entgeltzahlung im Krankheitsfall ab, im Wesentlichen wieder der von der Regierung *Kohl* geschaffene Regulierungszustand gilt. Bemerkenswerterweise hat das Bundesarbeitsgericht einen bestehen gebliebenen Regulierungsschritt inzwischen durch eine Rechtsprechungsänderung aufgehoben: Der Abschluss eines befristeten Arbeitsvertrages ohne Sachgrund ist nun auch mit einem Arbeitgeber möglich, mit dem zuvor bereits ein Arbeitsverhältnis bestanden hat, sofern zwischen dem früheren und dem neuen Arbeitsverhältnis eine Frist von wenigstens drei Jahren verstrichen ist.[15]

2. Globalisierung

Das moderne Transportwesen und die einfachen und schnellen Kommunikationsmittel machen Güter, Dienstleistungen und Informationen weltweit verfügbar. Sie sind damit auch leicht auszutauschen und miteinander zu verknüpfen. Das drängt auf eine Öffnung der Märkte. Der Güter- und Dienstleistungsverkehr in der Europäischen Union ist heute praktisch frei. Aber auch in der Weltwirtschaft besteht heute ein früher nicht gekanntes Maß an Freiheit des Güter- und Dienstleistungsverkehrs.

---

14 Formuliert im Entwurf eines Gesetzes zu Reformen am Arbeitsmarkt vom 18.6.2003, Bundesrats-Drucksache 421/03.

15 BAG vom 6. April 2011, 7 AZR 716/09, Neue Zeitschrift für Arbeitsrecht 2011, S. 905.

Daraus ergeben sich für das Bürgerliche Recht insgesamt wie für das Arbeitsrecht zwei Folgerungen: Sie müssen für den globalen Austausch den rechtlichen Rahmen bereitstellen und sie müssen der Tatsache Rechnung tragen, dass Qualität und Preis der Güter und Dienstleistungen dem globalen Wettbewerb ausgesetzt sind.

Dem ersten Ziel dienen vor allem die Regeln des heute in der EG-Verordnung vom 17.6.2008 („Rom I") enthaltenen Internationalen Privatrechts und des Internationalen Prozessrechts. Sie gelten einheitlich für das gesamte Vertragsrecht und schließen das Arbeitsvertragsrecht grundsätzlich ein. Nur das Prinzip der freien Rechtswahl ist für Individualarbeitsverträge eingeschränkt. Die Rechtswahl darf nach Artikel 8 der Verordnung nicht dazu führen, dass dem Arbeitnehmer der Schutz entzogen wird, der ihm durch das zwingende Recht des Arbeitsortes gewährt wird.

Dem zweiten Ziel dient die Vereinheitlichung der Mindeststandards des zwingenden Rechts. Für diese hat im Arbeitsrecht bereits die von *Bismarck* initiierte erste internationale Arbeitsschutzkonferenz des Jahres 1890 den Grund gelegt.[16] Ihr dienen mittelbar die inzwischen zahlreichen Abkommen der internationalen Arbeitsorganisation, auf die *Nishitani* mit Recht hingewiesen hat, und das europäische Arbeitsschutzrecht, welches im Gefolge der Rahmenrichtlinie über den Arbeitsschutz inzwischen ein ganzes Netz von Vorschriften über den Arbeits- und Gesundheitsschutz entwickelt hat.

3. Massengeschäfte

Verträge sind heute weithin Massenverträge. Güter und Dienstleistungen werden in gleicher oder ähnlicher Form von vielen nachgefragt, die dabei mehr oder minder großen Unternehmen als Vertragspartner gegenüberstehen. Das Bürgerliche Recht hat darauf vor allem mit einem breit gefächerten Verbraucherschutzrecht und dem Recht der Allgemeinen Geschäftsbedingungen reagiert.

In neuerer Zeit ist der Arbeitsvertrag in diesen Schutzmechanismen einbezogen worden: Das Bundesarbeitsgericht sieht den Arbeitnehmer im rechtlichen Sinne als Verbraucher seines Arbeitgebers an und unterstellt ihn damit weithin dem Verbraucherschutzrecht; die Korrektur wird nur in einer einschränkenden Auslegung der einzelnen Verbraucherschutzvorschriften gesucht. Die frühere Herausnahme des Arbeitsvertrages aus dem Recht der Allgemeinen Geschäftsbedingungen ist mit der Schuldrechtsreform von 2001 entfallen. Seitdem sind

16 Zu ihr *Konzen*, Vom „Neuen Kurs" zur sozialen Marktwirtschaft, Zeitschrift für Arbeitsrecht 1991, S. 379 ff.

bei der Anwendung des Rechts der Allgemeinen Geschäftsbedingungen auf Arbeitsverträge nur noch „die im Arbeitsrecht geltenden Besonderheiten angemessen zu berücksichtigen" (§ 310 Absatz 4 Satz 2 BGB). Dies hat zu einer geradezu explosionsartigen Rechtsprechung des Bundesarbeitsgerichts geführt. Über 100 Entscheidungen beschäftigen sich inzwischen mit der Anwendung der einzelnen Vorschriften des in den §§ 305 ff BGB geregelten Rechts der Allgemeinen Geschäftsbedingungen auf Arbeitsverträge.

4. Wissenschaft und Kunst

Nach Artikel 5 Absatz 3 des Grundgesetzes sind Wissenschaft und Kunst, Forschung und Lehre frei. Diese Garantie schlägt sich auch im bürgerlichen Recht nieder. So ist das Urheber- und Verlagsrecht besonders ausgestaltet bis hin zu der schon erwähnten Möglichkeit des Abschlusses von Kollektivverträgen über die Vergütungen. Zur Zeit läuft in Deutschland ein heftiger Streit über die Entgelte für die Verbreitung künstlerischer und literarischer Werke im Internet. Er wird seinen Niederschlag in Neuregelungen finden.

In der Wissenschaft hat die Befristung von Arbeitsverhältnissen eine Sonderregelung erfahren. Um Innovation in der Wissenschaft und verbunden damit Rotation junger Wissenschaftler zu sichern, hat das Wissenschaftszeitvertragsgesetz die Befristung an Arbeitsverhältnissen abweichend vom sonstigen Arbeitsrecht erleichtert und diese Erleichterung sogar gegen abweichende tarifliche Regelungen abgeschirmt. Das Wissenschaftszeitvertragsgesetz hat Hochschulen und Forschungseinrichtungen auf diese Weise ein Mehr an Vertragsautonomie zurückgegeben.

III. Europarecht

1. Recht der Europäischen Union

Die Privatautonomie ist auch Grundlage des europäischen Gemeinschaftsrechts. So bekennt sich die europäische Wirtschaftsordnung, deren Ziel die Errichtung eines gemeinsamen Marktes ist, als offene Marktwirtschaft mit freiem unverfälschtem Wettbewerb zur Freiheit von Vertrag und Wettbewerb. Hinzu kommt die Gewährleistung der Grundfreiheiten, welche die Vertragsfreiheit grenzüberschreitend gegen nicht gerechtfertigte Beschränkungen des Waren-, Personen-, Dienstleistungs- und Kapitalverkehrs absichert. Der Europäische Gerichtshof hat die Vertragsfreiheit zudem in einigen Entscheidungen als „Grundrecht" bezeichnet. Schließlich schützen Artikel 15 und 16 der Charta der Grundrechte der Europäischen Union mit der Berufsfreiheit und unternehmerischen Freiheit auch die Vertragsfreiheit.

Nicht anders als das nationale Recht schränkt das europäische Gemeinschaftsrecht die Vertragsfreiheit durch allgemeine und bereichsspezifische Grenzen ein. Die schon erwähnten vielfältigen Bestimmungen des Verbraucherschutzrechts gehen auf Richtlinien der Europäischen Gemeinschaft zurück. Gleiches gilt für die Bestimmungen über den Zahlungsverzug und den Verbrauchsgüterkauf.

Dem Arbeitnehmerschutz hat das europäische Gemeinschaftsrecht besondere Aufmerksamkeit gewidmet. Es gibt inzwischen über 30 Verordnungen und Richtlinien für dieses Rechtsgebiet. Ihre Umsetzung prägt das deutsche Arbeitsrecht inzwischen nachhaltig. Ich erwähne nur die Betriebsübergangsrichtlinie, die Grundlage von § 613a BGB ist, die Leiharbeitsrichtlinie, auf der das Arbeitnehmerüberlassungsgesetz beruht, und die Richtlinien über Teilzeitarbeit und befristete Arbeitsverträge, welche Grundlage des Teilzeit- und Befristungsgesetzes in seiner jetzigen Fassung sind.

Besondere Bedeutung haben die drei Antidiskriminierungsrichtlinien erlangt, nämlich die Gleichbehandlungsrahmenrichtlinie, die Richtlinie zur Anwendung des Gleichbehandlungsgrundsatzes ohne Unterschied der Rasse oder der ethnischen Herkunft und die Richtlinie zur Verwirklichung des Grundsatzes der Gleichbehandlung von Männern und Frauen hinsichtlich des Zugangs zur Beschäftigung, zur Berufsbildung und zum beruflichen Aufstieg sowie in Bezug auf die Arbeitsbedingungen. Sie sind in Deutschland Grundlage des Allgemeinen Gleichbehandlungsgesetzes vom 14.8.2006 geworden, das Diskriminierungen von Beschäftigten, aber im gewissen Umfang auch Diskriminierungen im allgemeinen Zivilrechtsverkehr verbietet.

Die besondere Bedeutung der Antidiskriminierungsrichtlinien rührt einmal daher, dass nunmehr auch das Alter verbotenes Diskriminierungsmerkmal ist. Niemand darf schlechter behandelt werden, weil er älter oder weil er jünger ist als andere. Es gibt inzwischen zahlreiche Entscheidungen des Bundesarbeitsgerichts und des Europäischen Gerichtshofs, welche sich mit der Diskriminierung jüngerer Arbeitnehmer beschäftigen. Brennpunkte sind tarifliche Entgeltregelungen und Kündigungsbestimmungen. So hat die Rechtsprechung inzwischen entschieden, dass an Altersstufen anknüpfende Entgeltsteigerungen unzulässig sind, während Anknüpfungen an die Dauer der Betriebszugehörigkeit möglich bleiben.[17] § 622 Absatz 2 Satz 2 BGB, nach dem bei der Berechnung der für die Länge der Kündigungsfrist maßgebenden Beschäftigungsdauer Zeiten vor der Vollendung des 25. Lebensjahrs nicht berücksichtigt werden, wird allgemein für

17 EuGH vom 8.9.2011, C – 297/10 „Hennigs“, Neue Zeitschrift für Arbeitsrecht 2011, 1100.

unwirksam angesehen. Bestimmungen, welche Arbeitnehmer, die ein bestimmtes Lebensalter erreicht haben, unkündbar stellen, hält das BAG jedenfalls dann für unzulässig, wenn sie zu einer grob fehlerhaften Sozialauswahl führen.[18]

Wichtiger noch ist, dass mit dem umfassenden Diskriminierungsschutz ein neues Paradigma in das Arbeitsrecht, aber auch in das allgemeine Zivilrecht eingeführt worden ist. Nicht mehr nur der Blick auf die Schutzbedürftigkeit des Vertragspartners führt zur Einschränkung der Vertragsautonomie, sondern auch der vergleichende Blick auf andere Vertragspartner. Das kann zu Doppelungen der Schutzmechanismen führen, die bewältigt werden müssen. Einen Versuch dazu stellt § 2 Absatz 4 Allgemeines Gleichbehandlungsgesetz dar, der für Kündigungen die ausschließliche Geltung der Bestimmungen zum allgemeinen und besonderen Kündigungsschutz anordnet. Er bewirkt, dass die Diskriminierungsverbote nicht als eigene Unwirksamkeitsnorm angewendet, sondern in das Kündigungsschutzrecht integriert werden.

Die zivilrechtlichen Diskriminierungsverbote beschränken sich bislang auf Massengeschäfte und solche Schuldverhältnisse, bei denen das Ansehen der Person nach der Art des Schuldverhältnisses eine nachrangige Bedeutung hat und die zu vergleichbaren Bedingungen in einer Vielzahl von Fällen zustande kommen, sowie auf privatrechtliche Versicherungen. Letzteres hat inzwischen insofern zu einer grundlegenden Änderung geführt, als der Europäische Gerichtshof – trotz eines Vorbehalts in einer einschlägigen Richtlinie – Differenzierungen nach dem Geschlecht für unzulässig erklärt hat, mit der Konsequenz, dass in allen Versicherungsarten nur noch „Unisex-Tarife“ zulässig sind.[19]

Die europäische Vereinheitlichung von Allgemeinem Vertragsrecht und Arbeitsrecht ist ein laufender Prozess. Am 1.7.2010 hat die Europäische Kommission ein Grünbuch über Optionen für die Einführung eines europäischen Vertragsrechts für Verbraucher und Unternehmen vorgelegt.[20] Für das Arbeitsrecht gibt es ein Grünbuch für ein moderneres Arbeitsrecht für die Herausforderungen des 21. Jahrhunderts vom 22.11.2006.[21]

---

18 BAG vom 5.6.2008, 2 AZR 907/06, Neue Zeitschrift für Arbeitsrecht 2008, S. 1120.

19 EuGH vom 1.3.2011, C – 236/09 „Association Belge des Consommateurs Test-Achats u.a.“.

20 KOM(2010) 348 endgültig.

21 KOM(2006) 708 endgültig; allgemein zur Stellung des Arbeitsrechts im Recht der Europäischen Union Krebber, Das Verhältnis von Arbeitsrecht und Binnenmarktrecht, Festschrift für Meinhard Schröder, 2012, S. 203 ff.

2. Recht des Europarats

Im allgemeinen Bürgerlichen Recht wie im Arbeitsrecht macht sich mehr und mehr auch das Recht des Europarats bemerkbar. Dabei geht es, was das Arbeitsrecht anlangt, weniger um die allgemeinen Gewährleistungen der Europäischen Sozialcharta, sondern um die Bestimmungen der europäischen Menschenrechtskonvention. Dieser entnimmt der Europäische Gerichtshof für Menschenrechte inzwischen konkrete Rechtssätze. So ist er zu dem Ergebnis gekommen, dass Strafanzeigen von Arbeitnehmern gegen ihren Arbeitgeber mit dem Ziel, Missstände in ihren Unternehmen oder Institutionen offen zu legen (whistleblowing), regelmäßig keine Arbeitsvertragsverletzung darstellen.[22]

IV. Bürgerliches Gesetzbuch und Arbeitsrecht

1. Einheitliche Geltung der allgemeinen Regeln

Individualarbeitsvertrag wie Kollektivvertrag sind privatrechtliche Verträge, die den Regeln des Allgemeinen Teils und des Allgemeinen Schuldrechts des BGB unterliegen. Rechtsfähigkeit und Geschäftsfähigkeit, Wirksamkeit von Willenserklärungen, Vertragsschluss, Stellvertretung und Verjährung richten sich nach den Bestimmungen des BGB. Gleiches gilt für die Verpflichtung zur Leistung, die Folgen der Nichterbringung der Leistung, die Verletzung von Nebenpflichten und die Erfüllung.

Die Rechtsprechung des Bundesarbeitsgerichts ist bemüht, auch dem Arbeitsverhältnis eigentümliche Phänomene in die Regeln des BGB einzuordnen und Abweichungen zu begrenzen. So wird die Bindung des Arbeitgebers an eine betriebliche Übung vertragsrechtlich erklärt, indem ein allgemein an die betroffenen Arbeitnehmer gerichtetes Vertragsangebot des Arbeitgebers unterstellt wird, das diese nach § 151 BGB ohne besondere Erklärung annehmen.[23] Die Abweichung von der in § 142 Absatz 1 BGB angeordneten Rückwirkung der Anfechtung des Arbeitsvertrags wird inzwischen auf den Fall beschränkt, dass tatsächlich Arbeit geleistet worden ist; im Krankheitsfall bleibt es bei der rückwirkenden Nichtigkeit.[24]

Die Harmonisierung von Individualarbeitsvertragsrecht und allgemeinem Vertragsrecht ist auch Gegenstand der am 1.1.2002 in Kraft getretenen Schuldrechtsreform gewesen. Sie hat dazu geführt, dass mit § 326 Absatz 1 BGB eine

22 EGMR vom 21.7.2011, 28274/08, Neue Zeitschrift für Arbeitsrecht 2011, S. 1269.

23 BAG vom 20.5.2008, 9 AZR 382/07, Neue Zeitschrift für Arbeitsrecht 2008, S. 1233; grundlegend jetzt *Chr. Picker*, Die betriebliche Übung 2012.

24 BAG vom 3.12.1998, 2 AZR 754/97, Neue Zeitschrift für Arbeitsrecht 1999, S. 584.

Vorschrift aufgenommen worden ist, nach der der Anspruch auf die Gegenleistung entfällt, wenn der Schuldner wegen Unmöglichkeit oder Unzumutbarkeit nicht zu leisten braucht. Auch § 280 Absatz 1 Satz 2 BGB, nach dem Schadensersatz wegen Pflichtverletzung nicht zu leisten ist, wenn der Schuldner die Pflichtverletzung nicht zu vertreten hat, verdankt seine Fassung dieser Diskussion.

Auf der anderen Seite hat die Schuldrechtsreform zur besseren Lösung arbeitsrechtlicher Fragestellungen beigetragen. Dass nach § 311a Absatz 1 BGB ein Vertrag auch wirksam ist, wenn der Schuldner wegen anfänglicher Unmöglichkeit oder Unzumutbarkeit nicht zu leisten braucht, hat zur Zulässigkeit von Verurteilungen zur rückwirkenden Wiedereinstellung von Arbeitnehmern geführt.[25] Dass der Schuldner nach der Neufassung des § 276 Absatz 1 Satz 1 BGB Vorsatz und Fahrlässigkeit nur zu vertreten hat, wenn eine strengere oder mildere Haftung weder bestimmt noch aus dem sonstigen Inhalt des Schuldverhältnisses zu entnehmen ist, lässt die Beschränkung der Arbeitnehmerhaftung als organischen Teil des Schuldrechts erscheinen. Dass nach § 275 Absatz 3 BGB im Falle der persönlichen Unzumutbarkeit der Leistung nur ein Leistungsverweigerungsrecht besteht, ermöglicht eine einfache Lösung der Fälle, in denen ein Arbeitnehmer trotz Krankheit seine Arbeitsleistung erbringt. Es bedarf dazu nicht des Zugriffs auf das Recht der ungerechtfertigten Bereicherung. Vielmehr besteht einfach der Entgeltanspruch, der zu erfüllen ist.[26] Wenn § 285 Absatz 1 BGB den Anspruch auf Herausgabe des Ersatzes nunmehr auch für den Fall anordnet, dass der Schuldner die Leistung wegen Unzumutbarkeit nicht zu erbringen braucht, ermöglicht das den Zugriff auf anderweitigen Verdienst, den der Arbeitnehmer im Falle einer Krankheit erzielt. Die Einführung des Anspruchs auf Ersatz vergeblicher Aufwendungen als Alternative zum Schadensersatz (§ 284 BGB) kann Fälle des Arbeitsvertragsbruchs sachgerecht lösen.[27]

Größere Bedeutung werden Allgemeiner Teil und Allgemeines Schuldrecht in der Zukunft im Kollektivvertragsrecht haben. In Deutschland entwickelt sich mehr und mehr neben dem traditionellen Tarifvertrag der einfache schuldrechtliche Koalitionsvertrag. In ihm werden tariflich nicht regelbare Gegenstände wie Investitionsentscheidungen der Unternehmen geregelt. Auch bietet er nicht tariffähigen Koalitionen die Möglichkeit zur Regelung von Arbeitsbedingungen.

---

25 BAG vom 9.2.2011, 7 AZR 91/10, Arbeitsrechtliche Praxis Nr. 52 zu § 307 BGB.

26 *Löwisch*, Auswirkungen der Schuldrechtsreform auf das Recht des Arbeitsverhältnisses, FS Wiedemann 2002, S. 311, 323 f.

27 *Löwisch*, aaO S. 329 f.

Hier werden sich Fragen der Verpflichtung zur Leistung, des Rücktritts, des Schadensersatzes und der Störung der Geschäftsgrundlage stellen.[28]

Auch das Arbeitskampfrecht ist in das Allgemeine Schuldrecht integriert. Streik und Aussperrung werden seit der Entscheidung des Großen Senats des Bundesarbeitsgerichts vom 28.1.1955 nicht mehr als Verletzung vertraglicher Pflichten angesehen, so dass sie auch keinen Grund zur Kündigung des Arbeitsvertrages mehr abgeben. Auch die durch den Arbeitskampf bedingte Störung der Verträge der Arbeitskampfbeteiligten mit Dritten wird heute überwiegend als nicht rechtswidrig angesehen, so dass der Arbeitgeber durch seine Beteiligung am Arbeitskampf keine Vertragsverletzung gegenüber dem Dritten begeht. Es verbleibt in diesen Fällen nur die Haftung für die Verletzung begleitender Pflichten, insbesondere für ein Übernahme-, ein Vorsorge- oder ein Überwachungsverschulden.[29]

2. *Arbeitsrecht als Teil des Dienstvertragsrechts*

Der Arbeitsvertrag ist Dienstvertrag. Deshalb gelten auch für ihn die allgemeinen Vorschriften des BGB über den Dienstvertrag. Vertragstypische Pflichten sind auch bei ihnen Dienstleistung und Gewährung der vereinbarten Vergütung (§ 611 BGB), wobei eine stillschweigende Vereinbarung der Vergütungspflicht angenommen wird (§ 612 Absatz 1 BGB). Maßgeblich ist die übliche Vergütung, wenn die Höhe nicht bestimmt ist (§ 612 Absatz 2 BGB). Die Vergütung wird nachträglich fällig (§ 614 BGB). Es gelten die Bestimmungen über die Vergütung bei Annahmeverzug (§ 615 Sätze 1 und 2 BGB), die Vergütung bei vorübergehender Verhinderung (§ 616 BGB) und die fristlose Kündigung aus wichtigem Grund (§ 626 BGB).

Ursprünglich hat das BGB den Arbeitsvertrag nur als Dienstvertrag gesehen. Der besonderen Schutzbedürftigkeit des Arbeitnehmers ist nur ganz beschränkt durch die Vorschriften über die Fürsorgepflicht (§§ 617 ff BGB) Rechnung getragen worden. Inzwischen sind aber, zuletzt durch die Schuldrechtsreform, Bestimmungen über den Arbeitsvertrag in das Dienstvertragsrecht integriert worden. Zu nennen ist das Maßregelungsverbot des § 612a BGB, der Übergang der Arbeitsverhältnisse im Falle des Betriebsübergangs (§ 613a BGB), die Vergütung in Fällen des Betriebsrisikos (§ 615 Satz 3 BGB), die Umkehr der Beweislast im Falle der Arbeitnehmerhaftung (§ 619a BGB), die besonderen Kündi-

---

28 *Löwisch/Rieble*, aaO § 1 Rn 987 ff.

29 *Schmidt-Kessel*, Arbeitskampf und Vertragserfüllung im Europäischen Privatrecht, FS Löwisch 2007, S. 325 ff.

gungsfristen für Arbeitsverhältnisse (§ 622 BGB) und das Schriftformgebot für Kündigungen (§ 623 BGB).

Im Übrigen sind die Vorschriften über den Arbeitsvertrag verstreut. Einige allgemeine Regelungen für alle Arbeitnehmer finden sich seit 1999 in der Gewerbeordnung. Sie betreffen das Zeugnis (§ 109) und die Berechnung, Zahlung und Abrechnung des Arbeitsentgelts (§ 107 f). Für kaufmännische Angestellte finden sich Regelungen nach wie vor im Handelsgesetzbuch, wobei die Vorschriften der §§ 74 ff über das nachvertragliche Wettbewerbsverbot durch § 110 Gewerbeordnung auf alle Arbeitnehmer erstreckt worden sind. Sonst gelten die schon erwähnten Spezialgesetze.

3. Arbeitsgesetzbuch oder Fortentwicklung des BGB?

Dass das Arbeitsrecht über viele Einzelgesetze verstreut geregelt ist, erschwert Arbeitgebern wie Arbeitnehmern die Übersicht. Die Regelung über Einzelgesetze lässt auch die gemeinsamen Grundlinien eines Rechtsgebiets wenig hervortreten und hindert damit die Ausbildung einheitlicher Rechtsüberzeugung. Auch werden die Gewichte zwischen Gesetzgebung und Rechtsprechung zugunsten der Letzteren verschoben, weil es an allgemeinen Vorgaben fehlt, an welche diese bei der Anwendung der konkreten Rechtsvorschriften gebunden wären. Der Ruf nach einem Arbeitsgesetzbuch, wie es in Japan in Gestalt des Arbeitsstandardgesetzes und des Arbeitsvertragsgesetzes von 2007 besteht, liegt deshalb nahe.

Auf der anderen Seite sind auch die Schwierigkeiten eines solchen Vorhabens nicht zu verkennen. Das Arbeitsrecht befindet sich wie kaum ein anderes Rechtsgebiet im Fluss. Dem ständigen Bedürfnis nach Anpassung lässt sich in Einzelgesetzen einfacher Rechnung tragen als in eine Gesamtkodifikation. Auch gehört das Arbeitsrecht zu den politisch umstrittensten Rechtsgebieten. Ein Arbeitsgesetzbuch, das auch so schwierige Fragen wie das Arbeitskampfrecht zu regeln hätte, müsste erhebliche Konflikte zwischen den sich gegenüberstehenden Interessen überwinden. Die Lösung dieser Konflikte auf Einzelfragen zu beschränken oder – wie das im Arbeitskampfrecht bisher geschehen ist – diese fast vollständige Rechtsprechung zu überlassen, ist für den Gesetzgeber der weitaus bequemere Weg.

Versuche, trotz dieser Schwierigkeiten in Deutschland wenigstens zu einem Arbeitsvertragsgesetzbuch zu gelangen, sind in der Vergangenheit gescheitert. Der Bundesminister für Arbeit und Sozialordnung hat zwar 1970 eine Sachverständigenkommission für ein Arbeitsgesetzbuch berufen, die 1977 einen Teilentwurf für ein „allgemeines Arbeitsvertragsrecht" vorgelegt hat. Dieser Entwurf ist aber von keiner Bundesregierung weiter verfolgt worden. Ebenso wenig ist ein von der Wissenschaft erarbeiteter Entwurf für ein Schlichtungs- und Arbeitskampfrecht[30] aufgegriffen worden.

Artikel 30 Absatz 1 Nr. 1 des Einigungsvertrages zwischen der Bundesrepublik Deutschland und der Deutschen Demokratischen Republik aus dem Jahr 1990 hat es zur Aufgabe des gesamtdeutschen Gesetzgebers erklärt, das Arbeitsvertragsrecht sowie das öffentlich-rechtliche Arbeitszeitrecht einschließlich der Zulässigkeit von Sonn- und Feiertagsarbeit und dem besonderen Frauenarbeitsschutz möglichst bald einheitlich neu zu kodifizieren. Entsprechende Entwürfe, welche die Länder Sachsen und Brandenburg dem Bundesrat 1995 und 1996 vorgelegt haben, sind aber nicht weiter verfolgt worden. Eine jüngst von *Henssler* und *Preis* in Zusammenarbeit mit der Bertelsmann-Stiftung entfaltete Initiative hat zwar publizistisch großes Echo hervorgerufen, letztlich bislang aber auch keinen Erfolg gehabt.[31]

In dieser Situation kann man sich fragen, ob es nicht besser ist, auf den Anspruch, ein eigenständiges Arbeitsgesetzbuch zu schaffen, zu verzichten und stattdessen das Arbeitsvertragsrecht als Teil des BGB nach und nach zu vereinheitlichen.[32] Der praktisch-politische Vorteil einer solchen Lösung liegt auf der Hand: Sie könnte, der jeweiligen politischen Situation entsprechend, auch in mehreren Schritten verwirklicht werden.

Dogmatisch ist der Arbeitsvertrag bei allen Besonderheiten im Kern ein schuldrechtlicher Vertrag im Sinne des BGB und unterliegt deshalb, wie dargelegt, den Vorschriften des Allgemeinen Schuldrechts und des Allgemeinen Teils des BGB. Seiner Struktur nach ist er ein Dienstvertrag, auf den, wie ebenfalls gezeigt, die Grundvorschriften des Dienstvertragsrechts Anwendung finden müssen. Würde der Arbeitsvertrag im BGB als Teil des Dienstvertragsrechts geregelt, fänden sich die maßgebenden Bestimmungen in einem Gesetzbuch. Verweise auf das BGB, zu denen selbstständige Kodifizierungen des Arbeitsvertragsrechts greifen müssen, entfielen.

---

30 *Birk/Konzen/Löwisch/Raiser/Seiter*, Entwurf eines Gesetzes zur Regelung kollektiver Arbeitskonflikte, 1998.

31 *Henssler/Preis*, Diskussionsentwurf eines Arbeitsvertragsgesetzes, abrufbar unter www.arbvg.de.

32 Formulierungen dazu bei *Löwisch*, Kodifizierung des Arbeitsvertragsrechts im Bürgerlichen Gesetzbuch, Zeitschrift für Arbeitsrecht 2007, S. 1 ff.

Systematisch würde mit einer Zusammenfassung des Arbeitsvertragsrechts im BGB die Folgerung daraus gezogen, dass das Recht des Arbeitnehmers nicht mehr als Teil des entsprechenden Rechts der Wirtschaft, einerseits der Gewerbeunternehmen und andererseits der Handelsunternehmen verstanden wird. Auch würde dem Umstand Rechnung getragen, dass die Unterscheidung zwischen Angestellten und Arbeitern weithin aufgegeben ist. Eine Kodifizierung des Arbeitsvertragsrechts im Gesetzbuch des Privatrechts ist auch nicht ohne Vorbild. So ist in der Schweiz das Arbeitsvertragsrecht im schweizerischen Obligationenrecht enthalten und umfasst dort 110 Artikel. Der italienische Codice Civile enthält in seinem 5. Buch die wesentlichen Teile des Arbeitsvertragsrechts.

Die Kodifizierung des Arbeitsvertragsrechts im BGB hätte durchaus auch eine prinzipielle rechtspolitische Seite. Sie verdeutlichte, dass das Arbeitsvertragsrecht Teil des Privatrechts ist und damit seine Grundlage in der Privatautonomie findet. Damit würde ein Defizit beseitigt, welches dem BGB seit seiner Schaffung anhaftet, dass nämlich ein die meisten Bürger unmittelbar betreffendes Rechtsverhältnis ausgespart bleibt. Gelänge es, das Arbeitsvertragsrecht im BGB zu regeln, wäre, zugespitzt formuliert, der Arbeitnehmer endlich unter den Bürgern angekommen, denen das „Bürgerliche“ Gesetzbuch gilt.

Bürgerliches Recht und Arbeitsrecht – Einzelgesetze in Japan

Professor Shinobu Nogawa, Meiji Universität

1. Vorgeschichte bis zur Etablierung des Arbeitsrechts

Die Beziehungen zwischen dem bürgerlichen Recht und den für die Arbeitswelt einschlägigen Einzelgesetzen lassen sich in vier Phasen einteilen. Die erste Phase reicht vom Erlass des bürgerlichen Rechts 1896 bis zum Ende des Zweiten Weltkrieges. Es gab zwar Rechtsvorschriften in Bezug auf Arbeitsverhältnisse wie das Fabrikgesetz und die begleitenden Gesetze, die allerdings von der Verwaltungsaufsicht ausgeführt wurden und keine zivilrechtliche Wirkung hatten. In der zweiten Phase wurden die Bestimmungen, die direkt auf das Arbeitsverhältnis angewendet werden kurz nach dem Krieg in der Verfassung verankert und das Arbeitsrecht, unter anderem das Arbeitsstandardgesetz und das Gewerkschaftsgesetz, wurde konzipiert. Des Weiteren wurde der Gesetzgeber nicht nur auf dem Feld des individuellen Arbeitsverhältnisses tätig, sondern auch in Bezug auf die kollektiven Beziehungen zwischen Arbeitgebern und -nehmern sowie im Hinblick auf den Arbeitsmarkt. Jedoch kamen die auf den Arbeitsvertrag bezogenen Rechtsvorschriften nicht zustande. In den darauf folgenden 50 Jahren, der dritten Phase, wurden präzise Rechtsgrundsätze für den Arbeitsvertrag als Richterrecht etabliert. Diese gelten heute noch als wichtigste Normen, die das Arbeitsverhältnis regeln. Die letzte Phase ist die Gegenwart und nahe Vergangenheit, in der das Arbeitsvertragsgesetz erlassen wurde und eine umfangreiche Schuldrechtsreform im Gange ist.

Vor dem Zweiten Weltkrieg waren in Japan, anders als in Deutschland, wo es seit Ende des 19. Jahrhunderts gewisse Gesetzgebungsarbeit und akademische Diskussionen über den Arbeitsvertrag gab, sowohl die individuellen Arbeitsverhältnisse als auch die kollektiven Beziehungen zwischen Arbeitgeber und Arbeitnehmer durch das allgemeine Zivilrecht, das japanische BGB, geregelt. Und in der Wissenschaft gab es kaum Diskussionen über den Arbeitsvertrag. Das japanische BGB wurde 1899 nach dem Vorbild des deutschen geschaffen und umfasste das Vermögens- und Familienrecht. Ferner wurde der Beschäftigungsvertrag in neun Paragraphen konkret geregelt. Sie setzten die für den Beschäftigungsvertrag spezifischen Regeln fest, wobei die beiden Vertragsparteien wie in einem typischen Kaufvertrag als gleichberechtigt und gleich stark angesehen werden. Mit Beginn des 20. Jahrhunderts mehrten sich langsam die Konflikte um den Beschäftigungsvertrag. Im Urteil in solchen Fällen ging es wie in gewöhnlichen Verträgen vornehmlich um die Auslegung des Vertragswillens. Der Aspekt des Arbeitnehmerschutzes war kaum berücksichtigt, z.B. wurde eine Sonderklausel, dass „die Kündigung ohne Begründung möglich ist", für gültig befunden, weil es sich um eine schriftliche Vereinbarung handle. Mit dem Fabrikgesetz 1911 wurden allerdings Regelungen über Arbeitszeit oder gefährliche Arbeit der Industriearbeiter festgeschrieben. Das Gesetz diente jedoch zur Verwaltungsaufsicht, um Fabrikinhaber zu kontrollieren, war folglich keine besondere zivilrechtliche Regulierung des Beschäftigungsvertrags. Zusammenfassend lässt sich sagen, dass die zivilrechtliche Regelung sowie Streitigkeiten um das Arbeitsverhältnis im Vorkriegsjapan Gegenstand des allgemeinen bürgerlichen Rechts waren und es hierfür keinen besonderen gesetzlichen Rahmen gab.

Wie war der Beschäftigungsvertrag nun damals im bürgerlichen Recht geregelt? Die wesentlichen Punkte, die auch heute von Bedeutung sind, waren, 1. dass ein Beschäftigungsvertrag durch das Einverständnis über Arbeitsleistung und Entgelt als Gegenleistung zustande kommt (§ 623), 2. dass der Anspruch auf das Entgelt nach der Vollendung der vertragsgemäßen Arbeitspflicht entsteht (§ 624), 3. dass eine Übertragung des Weisungsrechts (darunter wird in der Regel die Abordnung in eine andere Firma verstanden) der Zustimmung des Arbeitnehmers bedarf, 4. dass ein Beschäftigungsvertrag ohne Festlegung der Vertragsdauer von beiden Parteien beliebig gekündigt werden kann (§ 627), u. 5. dass ein befristeter Beschäftigungsvertrag von beiden Parteien dann vor der Frist gekündigt werden kann, wenn unvermeidliche Gründe vorliegen (§ 628). Diese Regelungen gelten mit oder ohne Korrektur heute noch. In diesem Sinne kann man schon von ihrem universalen Charakter sprechen, obwohl diese auf den Beschäftigungsvertrag bezogenen Regelungen mehr als hundert Jahre im bürgerlichen Recht festgeschrieben wurden.

2. Schaffung des Arbeitsrechts und. zivilrechtlicher Regelungen nach dem Krieg

Nach dem Zweiten Weltkrieg wurde der Kriegsverlierer Japan von den Alliierten, u.a. den USA, besetzt. Bereiche wie Justiz oder Arbeit sollten einschneidend reformiert werden. In der 1946 erlassenen Verfassung wurden das Recht auf Streben nach Glück in Artikel 13 und das Recht auf ein menschenwürdiges Dasein in Artikel 25 klar verankert. Daraus folgend ist das Recht auf Arbeit sowie auf die Mindestarbeitsbedingungen in Artikel 27 sowie das Koalitions-, Kollektivverhandlungs- und Streikrecht in Artikel 28 garantiert. Das war die Grundlage des neuen Arbeitsrechts im demokratischen Japan. Die individuellen Arbeitsbeziehungen regelte das Arbeitsstandardgesetz von 1947. Nach diesem Gesetz wurden landesweit mehr als 350 Aufsichtsbehörden eingerichtet, um dem Verstoß gegen die Mindestarbeitsbedingungen zu begegnen. Ferner wurde das Gewerkschaftsgesetz geschaffen (1945, eine umfangreiche Novellierung 1949), das sich mit dem Einrichten der Arbeitskommissionen auf die Verbreitung der kollektiven Arbeitnehmer-Arbeitgeber-Beziehungen einstellte.

Das BGB, das die Grundlage der zivilrechtlichen Kontrolle der individuellen Arbeitsbeziehung darstellte, blieb hingegen mit Ausnahme des Familienrechts unverändert, sodass die §§ 623 ff. im Großen und Ganzen weiter gelten. Obwohl der Beschäftigungsvertrag durch das Arbeitsstandardgesetz umbenannt und mit der neuen Bezeichnung Arbeitsvertrag dessen Andersartigkeit gegenüber den gewöhnlichen Verträgen wie Kaufvertrag deutlich wird, wurden keine gesonderten Rechtsvorschriften anstelle des BGB geschaffen. Folglich wird das BGB auch nach dem Krieg weiterhin angewendet, um Zivilstreitigkeiten, die den Arbeitsvertrag betreffen, zu lösen.

Ein großer Unterschied zur Vorkriegszeit besteht allerdings darin, dass Gerichte bei den arbeitsvertragsbezogenen Zivilstreitigkeiten auf deren Besonderheit achten und stets bemüht sind, unter großzügiger Anwendung allgemeiner Paragraphen des BGB angemessene Lösungen anzustreben. In zahlreichen Fällen wurde der Grundsatz von Treu und Glauben sowie das Verbot des Rechtsmissbrauchs in § 1 und das Verbot von Rechtsgeschäften gegen die öffentliche Ordnung in § 90 mit der Formulierung „ein Rechtsgeschäft gegen öffentliche Ordnung ist nichtig“ herangezogen. Sie spielten somit eine wichtige Rolle bei der Herausbildung des Richterrechts im Bereich des Arbeitsvertrages. Dazu sei im Folgenden Näheres erläutert.

Erstens wurde das Verbot des Rechtsmissbrauchs der Leitgedanke zur Einschränkung der Kündigung und diente als Instrument zur Einschränkung des Entscheidungsrechts des Arbeitgebers in Personalfragen. Das heißt, dass die Rechtsprechung die Kündigungsfreiheit in gewissem Grad beschränkte, obwohl ein Arbeitsvertrag ohne Festlegung der Vertragsdauer eigentlich von beiden Parteien beliebig gekündigt werden kann (BGB § 627). Das japanische Beschäftigungsmodell „lebenslange Anstellung“ entwickelte sich in einer Phase des starken Wachstums und war in Wirklichkeit ein Tauschgeschäft. Arbeitnehmer gehorchten dem Entscheidungsrecht der Arbeitgeber in Personalfragen und im Gegenzug hielten sich Arbeitgeber trotz der Kündigungsfreiheit in diesem Bereich zurück. Arbeitgeber forderten nämlich langfristige Loyalität von ihren Mitarbeitern mit der Maßgabe, dass sie mit ihrem Kündigungsrecht zurückhaltend umgehen. Andererseits akzeptierten Arbeitnehmer ein im Vergleich mit anderen Ländern weitaus umfangreiches und starkes Entscheidungsrecht in Personalfragen als Gegenleistung für die Beschäftigungsgarantie. Gerichte folgten der etablierten Praxis, das Verbot des Rechtsmissbrauchs im BGB für den Fall des Arbeitsvertrages zu modifizieren und ein Rechtsprinzip aufzustellen, das lautet „eine Kündigung wird als Rechtsmissbrauch für nichtig erklärt, wenn sie nicht objektiv rational und nach herrschenden Gesellschaftsansichten nicht angemessen ist." Außerdem hat sich bei der Kündigung zwecks des Unternehmensfortbestands ein Prinzip etabliert, dass die Kündigung als nichtig gilt, wenn die folgenden vier Voraussetzungen nicht erfüllt sind; 1. Notwendigkeit des Personalabbaus, 2. Bemühungen um Kündigungsvermeidung, 3. rationale Wahl der zu kündigenden Mitarbeiter und 4. angemessenes Kündigungsverfahren. Das Verbot des Rechtsmissbrauchs wurde auch zur Einschränkung der einseitigen Änderung des Arbeitsortes wie zur Versetzung oder zur Abordnung in eine andere Firma durch den Arbeitgeber und überdies oft zur Kontrolle der Sanktionsmaßnahen verwendet. Denn der Inhalt des Arbeitsvertrages wird in Japan nicht individuell, sondern durch eine Arbeitsordnung pauschal geregelt. Da die Rechtsprechung dem Arbeitgeber das Recht auf eine einseitige Änderung der Arbeitsbedingungen durch die Arbeitsordnung zugesprochen hat, solange sie rational zu begründen ist, ging es nicht mehr um dieses Recht an sich, sondern nur noch um das Vorliegen eines Rechtsmissbrauchs.

Zweitens hat der bona fides-Grundsatz zur Festlegung der Nebenpflicht aus dem Arbeitsvertrag sehr gut funktioniert. Vor allem hatten Gerichte die Sicherheitsfürsorgepflicht, die später im positiven Recht verankert wurde, bereits früher als Pflicht des Arbeitgebers aus dem Arbeitsvertrag anerkannt. Auch die Geheimhaltungspflicht, das Verbot des kompetitiven Geschäfts oder die Treupflicht der Arbeitnehmer wurde mit der notwendigen Anpassung der allgemeinen Bestimmung, des bona fides-Grundsatzes im BGB an den Arbeitsvertrag anerkannt.

Drittens fand der Grundsatz der öffentlichen Ordnung von § 90 im individuellen Arbeitsverhältnis Anwendung, um u.a. Diskriminierung zu beseitigen. In Japan gab es nach dem Krieg lange Zeit kein Gesetz mit klarem Diskriminierungsverbot außerhalb des öffentlichen Sektors, worunter besonders. Frauen leiden mussten, obwohl Gerichte die allgemeine Regel aufgestellt hatten, dass die Diskriminierung der Frauen im Arbeitsverhältnis gegen die öffentliche Ordnung verstößt, indem sie den Ausscheidungszwang der Frauen bei der Eheschließung, unterschiedliche Altersgrenzen zwischen Frauen und Männern oder eine niedrigere Altersgrenze der Frauen als Verstoß gegen die öffentliche Ordnung für nichtig erklärten. Zweifelsohne hat dieser Prozess zur Verabschiedung des Gleichstellungsgesetzes 1985 beigetragen. Ohne diesen Rechtgrundsatz wäre die Novellierung des Gesetzes sowie die Stärkung der Gleichstellung nicht möglich gewesen.

3. Erlass des Arbeitsvertragsgesetzes

Vor dem Hintergrund, dass umfangreiche Rechtsgrundsätze bezüglich des Arbeitsvertrages durch die Rechtsprechung aufgestellt und systematisiert wurden, entstand die Bestrebung, ein Generalgesetz zur Regelung des Arbeitsvertrages zu erarbeiten.

Allerdings ist es nicht so, dass es gar keine Rechtsvorschriften gab, die Arbeitsverhältnisse zivilrechtlich regelten. Das 2000 verabschiedete Gesetz über den Übergang von Arbeitsverträgen bei Gesellschaftsspaltungen z.B. hat einen anderen Mechanismus als beim Übergang von Forderungen und Verpflichtungen, indem der Wille der Arbeitnehmer geachtet wird. Bei diesem Gesetz handelt es sich jedoch um spezifische Fälle. So fehlten lange Zeit positivrechtliche Regeln für die Konfliktlösung bei Versetzung, Abordnung, Sanktion oder Kündigung im Arbeitsverhältnis.

2007 war es soweit, dass das Arbeitsvertragsgesetz verabschiedet wurde. Das Gesetz besteht jedoch lediglich aus 19 Paragraphen, enthält also nur einen Teil von Regeln, die im Richterrecht bis dahin aufgestellt wurden. Neben einigen arbeitsvertragspezifischen Grundsätzen, die im allgemeinen Teil (Gleichbehandlung, Work-Life-Balance, Vereinbarungsprinzip u.a.) festgeschrieben wurden, hat sich das Gesetz darauf beschränkt, die Sicherheitsfürsorgepflicht festzuschreiben und den Tatbestandskatalog des Rechtsmissbrauchs in Bezug auf Abordnung, Sanktion und Kündigung aufzustellen. Bemerkenswert ist aber, dass der Arbeitsordnung die klare Funktion anerkannt wurde, den Arbeitsvertrag zu regeln, wenn sie allgemein bekannt gemacht wird und ihr Inhalt rational ist (§ 7). Selbst wenn die im Arbeitsvertrag festgelegten Arbeitsbedingungen zu Ungunsten des Arbeitnehmers durch die Arbeitsordnung einseitig vom Arbeitgeber geändert werden, kann sie nach diesem Gesetz für den Arbeitnehmer, der gegen die Änderung der Arbeitsordnung ist, angewendet werden, wenn die Voraussetzungen von Bekanntmachung sowie Rationalität erfüllt sind (§ 10). Das Arbeitsvertragsgesetz hebt in § 1 das Vereinbarungsprinzip bei den individuellen Arbeitsverträgen besonders hervor. Ironischerweise ist sein markantes Merkmal die Anerkennung der regelnden Wirkung der vom Arbeitgeber erstellten Arbeitsordnung auf den Arbeitsvertrag. Auch Deutschland hat es in 100 Jahren nicht geschafft, ein allgemeines Arbeitsvertragsgesetz zu schaffen. Es mag sein, dass die Konzeption eines einheitlichen Arbeitsvertragsgesetzbuchs in einem hochentwickelten Land schwierig ist. Dennoch muss die gegenwärtige Rechtslage in Japan dringend verbessert werden, denn die meisten Zivilstreitigkeiten um den Arbeitsvertrag werden im Grunde heute noch nach dem Zivilrecht entschieden.

4. Zivilrechtsreform und Arbeitsvertrag

Um diese Missstände zu durchbrechen, sieht man eine große Chance in der derzeitigen Schuldrechtsreform. Seit mehr als 100 Jahren erfuhr dieser Teil des BGB keine einschneidende Veränderung, sodass seine Rolle als Generalgesetz des Privatrechts in Frage gestellt wurde. In der ersten Stufe der Reform wurde 2003 zwar die sprachliche Modernisierung umgesetzt, eine darauf folgende umfassende inhaltliche Reform galt jedoch als unerlässlich. Diese Einsicht verbreitet sich seit 2005 in den Diskussionen der Arbeitsgruppe, in der alle namhaften Zivilrechtler vertreten sind. Dabei war man sich darin einig, zunächst die Schuldrechtsreform umsetzen zu müssen. Der Inhalt der Diskussionen wurde bereits in fünf Bänden veröffentlicht und die Öffentlichkeit nimmt langsam zur Kenntnis, dass eine Großreform des Zivilrechts bevorsteht. 2013 soll zumindest tendenziell deutlich werden, was die Reform beinhalten soll. Allerdings sind erstens die Materie sehr groß und zweitens auch die Diskussionen zu den einzelnen Themen jeweils sehr umfangreich, so dass unsicher ist, ob der Zeitplan eingehalten werden kann.

Zweifellos wird der Teil des Beschäftigungsvertrages im Zivilrecht durch die Schuldrechtsreform stark betroffen sein. Derzeit herrscht die Meinung, dass die zivilrechtliche Regelung in Bezug auf den Beschäftigungsvertrag grundsätzlich dem Arbeitsvertragsgesetz überlassen und im Zivilrecht lediglich ergänzende Bestimmungen beibehalten werden sollen. Andererseits gibt es Bemühungen, allgemeine Bestimmungen über den Dienstvertrag zu schaffen, wobei Auftrags-

und Werkvertrag u. a. eingeschlossen werden. Falls es dazu kommen sollte, hat das auch Auswirkungen auf den Beschäftigungsvertrag. Das Arbeitsvertragsgesetz ist, was Umfang und Inhalt angeht, zu spärlich, um ein Generalgesetz über den Arbeitsvertrag zu sein. Wenn das Zivilrecht dem Arbeitsvertragsgesetz Regelungen über die individuellen Arbeitsverhältnisse vollständig überlassen sollte, muss dieses wesentlich erweitert werden. Zudem will man im Zuge der Reformbemühungen um Schuldrecht die allgemeinen Vertragsbedingungen (AGB) als regulierendes Instrument anerkennen u. einen Mechanismus für die Kontrolle des Vertrages aufbauen. Nach der herrschenden Meinung wird die Arbeitsordnung in Japan quasi als eine Sammlung allgemeiner Vertragsbedingungen angesehen. Es müsste also die Bestimmung über die Arbeitsordnung im Arbeitsvertragsgesetz überarbeitet werden, wenn die allgemeinen Vertragsbedingungen im Zivilrecht geregelt würden.

Wie hier dargestellt, ist es noch unklar, wie der Beschäftigungsvertrag im Laufe der Schuldrechtsreform gestaltet werden wird. Klar ist aber, dass die Vorbeugung und Beseitigung vieler Zivilstreitigkeiten um einen Arbeitsvertrag durch Stärkung des Arbeitsvertragsgesetzes dringende Aufgabe sind.

Die Beziehung zwischen dem Zivilrecht und dem Arbeitsvertragsgesetz steht jetzt an einem Wendepunkt. Japan Labor Law Association will sich bei der Tagung im kommenden Herbst mit diesem Thema ausführlich befassen. Die weitere Entwicklung auch im Zusammenhang mit dem Trend der Zivilrechtsreform muss aufmerksam verfolgt werden.

Bürgerliches Recht und Arbeitsrecht aus dem Blickwinkel der individuellen Arbeitsbeziehungen

Professor Dr. Raimund Waltermann, Rheinische Friedrich-Wilhelms-Universität Bonn

I. Einleitung

Aufgabe und Anliegen des Vortrags ist, das Verhältnis von Bürgerlichem Recht und Arbeitsrecht unter dem Blickwinkel des individuellen Arbeitsrechts zu betrachten. Es sollen dabei die Entwicklung des Arbeitsverhältnisrechts, die Entwicklung der rechtstheoretischen Grundlagen des Arbeitsvertragsrechts und die Pluralität der Beschäftigungsformen, namentlich Teilzeitarbeit, Leiharbeit, befristete Beschäftigung und auch Kleine Selbständigkeit rechtsvergleichend angesprochen werden.

II. Recht der abhängigen Arbeit

In Japan und in Deutschland ist das Arbeitsrecht gleichermaßen das „Recht der abhängigen Arbeit". Das Recht der Arbeitsverhältnisse ist in Deutschland Teil des Besonderen Schuldrechts (§§ 611 ff. BGB). Es findet also im Bürgerlichen Recht und im Bürgerlichen Gesetzbuch (BGB) seinen Ausgangspunkt. Das Arbeitsverhältnis, das durch den Arbeitsvertrag begründet wird, ist in Japan und in Deutschland auf fremdbestimmte Arbeit gerichtet. Dabei ist das Arbeitsverhältnisrecht als das Recht der unselbständigen oder abhängigen Arbeit im deutschen Bürgerlichen Recht nur bruchstückhaft erfasst. Das deutsche Bürgerliche Recht enthält insoweit seit seinem Inkrafttreten im Jahr 1900 eine beträchtliche Lücke, die man von Beginn an durch ein Arbeitsgesetzbuch hatte schließen wollen – aber bis heute nicht geschlossen hat. Das Bürgerliche Recht regelt im BGB dabei noch nicht einmal den Arbeitsvertrag. Es regelt den (freien) Dienstvertrag, und in diesem Zusammenhang enthält es nur einige auf den Arbeitsvertrag bezogene Bestimmungen, die im Lauf der Zeit eingefügt worden sind.

1. Das Arbeitsverhältnis als privatrechtliches Schuldverhältnis

Das Arbeitsverhältnisrecht (auch Arbeitsvertragsrecht) enthält in Deutschland die im Wesentlichen privatrechtlichen Rechtsvorschriften, welche das Arbeitsverhältnis als privatrechtliches Schuldverhältnis ausgestalten – von seiner Begründung durch den Abschluss des Arbeitsvertrags über die inhaltliche Durchführung im Dauerschuldverhältnis mit wechselseitigen Rechten und Pflichten und deren Störung (Leistungsstörung, Haftung) bis hin zu seiner Beendigung (namentlich durch Kündigung).

Die Regelungsweise ist im Grundsatz nicht anders als sonst im Privatrecht. Man kann im Arbeitsverhältnisrecht also auf die Erkenntnisse insbesondere der Rechtsgeschäftslehre und des Allgemeinen und Besonderen Schuldrechts zurückgreifen. Das Arbeitsverhältnisrecht kennt jedoch eine Vielzahl von Abweichungen von den allgemeinen bürgerlich-rechtlichen Regeln. Diese Sonderregeln finden sich zum Teil in speziellen Gesetzesvorschriften, etwa im Kündigungsschutzgesetz (KSchG), im Entgeltfortzahlungsgesetz (EFZG) oder im Bundesurlaubsgesetz (BUrlG). Nach wie vor hat neben dem Gesetzesrecht die richterliche Rechtsfortbildung im deutschen Arbeitsrecht und auch im Arbeitsverhältnisrecht beträchtliche praktische Bedeutung. Denn das deutsche Recht nimmt, weil ein Arbeitsgesetzbuch fehlt und also die allgemeinen Regeln des Bürgerlichen Gesetzbuchs gelten, die über den Leistungsaustausch hinausgehende Dimension des Arbeitsverhältnisses mit seinem Charakter als Dauerschuldverhältnis, mit seiner personenbezogenen Prägung und mit seiner besonderen Risikolage zu wenig zur Kenntnis. Das mag ein Beispiel verdeutlichen: Ein Arbeitnehmer gerät nach jahrzehntelanger unfallfreier Fahrt als Kraftfahrer mit einem neuen und teuren Lastzug infolge leichter Fahrlässigkeit von der Fahrbahn ab. Der Schaden an dem umgestürzten LKW beträgt 150.000 Euro, die der Arbeitgeber ersetzt verlangt. Nach dem Bürgerlichen Recht wäre der Anspruch begründet. Vertragspflichtverletzung (§ 280 Abs. 1 BGB) und unerlaubte Handlung (§§ 823 ff. BGB) führen zur Haftung, wenn der Schuldner wenigstens fahrlässig handelt (§ 276 Abs. 1 BGB). Arbeitnehmer müssten also selbst bei leichtester Fahrlässigkeit dem Arbeitgeber vollen Schadensersatz leisten, auch wenn die Höhe des Schadensersatzes die Leistungsfähigkeit des Arbeitnehmers weit übersteigt. In unserer heutigen Arbeitswelt gibt es eine Vielzahl von Tätigkeiten, bei denen durch eine geringfügige Unaufmerksamkeit sehr hohe Schäden entstehen können. Müsste das Risiko im Arbeitsverhältnis nicht von dem Grundsatz abweichend verteilt sein, nach dem der Schädiger für jede Fahrlässigkeit einstehen muss? Rechtsprechung und arbeitsrechtliche Lehre haben im Weg richterlicher Rechtsfortbildung seit langer Zeit Grundsätze zur Einschränkung der Arbeitnehmerhaftung entwickelt.[1] Nach diesen richterrechtlichen

1 Grundlegend BAG 25.9.1957 – GS 4 (5)/56 – BAGE 5, 1 ff. Aus neuerer Zeit siehe BAG 27.9.1994 – GS 1/89 – NZA 1994, 1083 ff.; BAG 20.10.2010 – 8 AZR 418/09 – NZA 2011, 345 ff.

Grundsätzen, die eine vom BGB abweichende angemessene Risikozuweisung bezwecken,[2] würde der Arbeitnehmer in unserem Fall, weil ihm nur leichte Fahrlässigkeit zur Last fällt, nicht haften.

2. Arbeitsgesetzbuch als „ewiges" Vorhaben

Eine Kodifikation des Arbeitsrechts in einem Arbeitsgesetzbuch wird seit langem angestrebt, aber nicht verwirklicht.[3] Es ist nicht wahrscheinlich, dass es in Deutschland in absehbarer Zeit zu einem Arbeitsgesetzbuch kommen wird, welches das gesamte Arbeitsrecht einschließlich des Arbeitskampfrechts kodifiziert. Der Einigungsvertrag zwischen der Bundesrepublik Deutschland und der DDR machte es im Jahr 1990 dem Gesetzgeber aber immerhin erneut zur Aufgabe, das Arbeitsvertragsrecht sowie das Arbeitszeitrecht möglichst bald einheitlich neu zu kodifizieren und den Arbeitsschutz neu zu regeln. Wenn alle bisher vorgelegten Entwürfe, zuletzt der von den Kölner Professoren *Martin Henssler* und *Ulrich Preis* im Jahr 2007 erarbeitete Diskussionsentwurf,[4] nicht verwirklicht wurden, liegt das auch daran, dass die Interessenverbände der Arbeitgeber- und Arbeitnehmerseite (natürlich aus verschiedenen Gründen) stets eine Vielzahl von Kritikpunkten finden werden, wenn man das Vorhaben der Kodifikation des Arbeitsvertragsrechts, wie bisher stets geschehen, mit inhaltlichen Änderungen verbindet. Vielleicht wird ein einheitliches Gesetzeswerk des Arbeitsrechts in Deutschland erst zustande kommen können, wenn man sich allein auf die Kodifikation der bislang verstreuten Gesetzesbestimmungen beschränkt und damit keine Sachreform verbindet. Denn nur so lässt sich erreichen, dass die Interessenvertretungen der Arbeitgeber und der Arbeitnehmer mitziehen. Das klingt bescheidener als es ist, denn auch ein Kodifikationsvorhaben stellt hohe Anforderungen.

3. Arbeitsverhältnis und (Neue) Selbstständigkeit

Das Arbeitsverhältnis beruht auf einem privatrechtlichen Vertrag. Damit dieser privatrechtliche Vertrag ein Arbeitsverhältnis begründet, muss die versprochene Dienstleistung weisungsabhängig zu erbringen sein. Nur dann spricht man von unselbständiger oder abhängiger Arbeit.[5] Den rechtlichen Gegensatz dazu bilden

---

2 Zusammenfassung z.B. bei *Brox/Rüthers/Henssler*, Arbeitsrecht, 18. Aufl., 2011, Rn. 243 ff.; *Waltermann*, Arbeitsrecht, 16. Aufl., 2012, Rn. 239 ff.

3 Zusammenfassung bei *Waltermann*, Arbeitsrecht, 16. Aufl., 2012, Rn. 15 mit Nachweisen.

4 www.arbvg.de

5 Vgl. z.B. *Brox/Rüthers/Henssler*, Arbeitsrecht, 18. Aufl., 2011, Rn. 49 ff.; *Junker*, Arbeitsrecht, 11. Aufl., 2012, Rn. 96 ff.; *Waltermann*, Arbeitsrecht. 16. Aufl., 2012, Rn. 52 ff.

der (freie) Dienstvertrag, der in der Systematik des deutschen Bürgerlichen Rechts auch Geschäftsbesorgungscharakter (§ 675 BGB) haben kann, und der (freie) Werkvertrag (§ 631 ff. BGB). Das Arbeitsverhältnis muss von den angesprochenen Formen der Selbständigkeit, insbesondere vom Dienstvertrag, abgegrenzt werden. Dabei lässt sich das Arbeitsverhältnis nicht exakt definieren, und die Abgrenzung der weisungsbestimmten Arbeit von der selbständigen Arbeit kann in der Praxis erhebliche Schwierigkeiten bereiten. Das deutsche Handelsrecht bestimmt in § 84 Abs. 1 S. 2 HGB: „Selbständig ist, wer im Wesentlichen frei seine Tätigkeit gestalten und seine Arbeitszeit bestimmen kann".

In Deutschland hat sich die Rechtsprechung seit den 1990er Jahren häufiger mit der Abgrenzung des Arbeitsverhältnisses von der Selbständigkeit befassen müssen.[6] Der damit verbundene rechtswissenschaftliche Dialog zwischen Rechtsprechung und Rechtswissenschaft hat zu klareren Konturen des Begriffs des Arbeitsverhältnisses geführt. Dass die Abgrenzung in den letzten Jahren wichtiger und schwieriger geworden ist, liegt zum einen daran, dass sich die tatsächlichen Verhältnisse im Arbeitsleben verändert haben und weiter verändern. Die Einbindung in eine Betriebsorganisation geht, zumal in Zeiten neuer Kommunikationsformen, überall zurück; der Fabrikarbeiter der Industrialisierung, dessen Arbeitsplatz sich ganz in der Nähe des Fabrikschornsteins befand, hat längst nicht mehr Modellcharakter für die abhängige Arbeit. Die Abgrenzung hat darüber hinaus vor dem Hintergrund von Vertragsgestaltungen, welche die Bindungen des Arbeits- und des Sozialrechts vermeiden wollen, praktische Bedeutung erlangt.

Nicht nur im deutschen Recht könnte man vor dem skizzierten Hintergrund an einem Wegpunkt angekommen sein, der Antworten auf Entwicklungstendenzen erfordert: In der Anfangszeit des Arbeitsrechts und bis weit hinein in das 20. Jahrhundert haben die Kriterien zur Erfassung des Arbeitsverhältnisses die auftretenden Fallgestaltungen gut bewältigt. Die Anknüpfung an das Weisungsrecht als Kennzeichen des Arbeitsverhältnisses war in einer Zeit hierarchischer Strukturen vollkommen geeignet, den arbeitsrechtlichen Schutz zu begründen und den Anknüpfungspunkt für die soziale Absicherung zu bilden. Spätestens seit den 1980er Jahren haben sich jedoch die Fälle rechtlicher Unterordnung (aufgrund Weisungsrechts) und wirtschaftlicher Abhängigkeit, die zuvor im Grunde deckungsgleich waren, nicht nur in Deutschland auseinander entwickelt. Wirtschaftliche Abhängigkeit außerhalb des Arbeitsverhältnisses nimmt zu. Zugleich geht die Bedeutung der Fremdbestimmung im Arbeitsverhältnis aus verschiede-

6 Siehe z.B. BAG 19.11.1997 – 5 AZR 653/96 – NZA 1998, 364 (365); BAG 20.8.2003 – 5 AZR 610/02 – NZA 2004, 39 f.

nen Gründen, vor allem im Dienstleistungsbereich, angesichts veränderter Kommunikationsmittel, bei Management mit „flachen“ Hierarchien oder in „Netzwerkstrukturen“ zurück. Heute genügt vielfach die Kontrolle des Arbeitsergebnisses.

In der Folge dieser Entwicklung begegnen die Schutzgründe des Arbeitsrechts längst und inzwischen in beträchtlichem Umfang auch außerhalb des Arbeitsverhältnisses.[7] Die Unterscheidung zwischen abhängiger Beschäftigung und Selbständigkeit hat an Trennschärfe verloren. Das betrifft vor allem die in den letzten Jahren in Deutschland stark gewachsene sogenannte Neue Selbständigkeit. In vielen Fällen ist in der Praxis aus unterschiedlichen Gründen Kleine Selbständigkeit, insbesondere „Solo-Selbständigkeit“, also Selbständigkeit ohne Beschäftigte, an die Stelle von abhängiger Arbeit getreten. Die Zahl der Selbständigen ist in Deutschland von 3 Millionen im Jahr 1991 auf etwa 4,25 Millionen im Jahr 2010 gestiegen. Dieser Anstieg ist insbesondere auf eine höhere Zahl von Solo-Selbständigen zurückzuführen. Bei diesen ist zwischen 1991 und 2010 in Deutschland ein Anstieg um 72,3% zu verzeichnen, im Jahr 2010 gab es rund 2,4 Millionen Solo-Selbständige. Mit der Neuen Selbständigkeit verbindet sich nicht mehr die prinzipielle Erwartung wirtschaftlicher Unabhängigkeit. Sie hat häufig nur niedrigen Ertrag und sorgt in Deutschland für das Alter nicht vor. Ein Teil dieser Selbständigen, meist Solo-Selbständigen, ist nicht marktorientiert und lediglich für einen oder für zwei Auftraggeber tätig. Diese neuen Selbständigen sind nur rechtlich gesehen nicht weisungsabhängig und also nicht in einem Arbeitsverhältnis mit den daran anknüpfenden arbeits- und sozialrechtlichen Konsequenzen tätig. Sie halten sich ihrem Auftraggeber jedoch in ähnlichem Maß zur Verfügung wie Arbeitnehmer ihrem Arbeitgeber.

Mit dem skizzierten Befund verbindet sich insbesondere die dringende Notwendigkeit, diesen Personenkreis kurzfristig zu einer Altersvorsorge zu verpflichten,[8] wie es in Deutschland die Bundesregierung gegenwärtig plant. Das wird allerdings viele Kleine Selbstständige überfordern, oder es wird die Preise verändern, zu denen Leistung in Kleiner Selbständigkeit angeboten werden kann, was in manchem Bereich dann wieder Rückwirkung auf die Konkurrenzfähigkeit des Arbeitsverhältnisses haben könnte. Nur Selbstständigkeit, die sich für die Selbstständigen dauerhaft rechnet, bleibt am Ende ohne nachteilige Folgen auch für die Gesellschaft, die sonst die Selbstständigen ohne existenzsichernde

---

7 Vgl. grundlegend *Wiedemann*, Das Arbeitsverhältnis als Austausch – und Gemeinschaftsverhältnis, 1966, S. 11 ff.

8 Siehe auch 68. Deutscher Juristentag 2010, Beschlüsse 13a – 13f. http://www.djt.de/fileadmin/downloads/68/68_djt_beschluesse.pdf

Vorsorge im Alter aus Steuermitteln unterstützen müsste. In Deutschland wird es dazu kommen.

Inwieweit arbeitsrechtlich Konsequenzen aus dem angedeuteten Befund gezogen werden sollten, lässt sich schwer sagen. Ich würde die Trennlinie zwischen abhängiger Beschäftigung und Selbständigkeit nicht einebnen.[9] Das deutsche Arbeitsrecht greift bereits einen Teil der Kleinen Selbständigen heraus. Als arbeitnehmerähnliche Personen (vgl. zum Begriff § 12 a Abs. 1 Nr. 1 TVG) bezeichnet das Arbeitsrecht bestimmte Selbständige, die wirtschaftlich abhängig und vergleichbar einem Arbeitnehmer sozial schutzbedürftig sind. Für diese arbeitnehmerähnlichen Personen gelten neben den allgemeinen Vorschriften des Bürgerlichen Rechts, des Handelsrechts und des Wirtschaftsrechts wegen ihrer Schutzbedürftigkeit einige Regelungen des Arbeitsrechts (z.B. § 2 S. 2 BUrlG, § 6 Abs. 1 S. 1 Nr. 3 AGG). Für Klagen ist unter den Voraussetzungen des § 5 Abs. 1 S. 2 ArbGG der Rechtsweg zu den Arbeitsgerichten eröffnet.

Nicht unerwähnt bleiben darf, dass ein Teil der in der Wirklichkeit in Deutschland als selbständig Behandelten nach den Rechtsmaßstäben für die Abgrenzung zwischen Arbeitsverhältnis und Selbständigkeit der abhängigen Beschäftigung, also dem Arbeitsverhältnis, zuzuordnen sind. Dieser Graubereich der Scheinselbständigkeit dürfte nicht unbeträchtlich sein.[10] Seine Existenz ist ein rechtswidriger Missstand, der auch mit Kosten für die nächste Generation verbunden ist und dem erfolgreicher entgegengetreten werden müsste.

III. Arbeitsverhältnisrecht, Arbeitsschutzrecht, kollektives Arbeitsrecht

Das deutsche Arbeitsrecht besteht aus drei wesensverschiedenen Teilgebieten. Das Arbeitsverhältnisrecht (oder Arbeitsvertragsrecht) enthält, wie dargelegt, im Wesentlichen privatrechtliche Rechtsvorschriften, die auf dem Bürgerlichen Recht aufbauen. Das Arbeitsschutzrecht folgt einer anderen Regelungsweise, die dem primären Ansatz des japanischen Arbeitsstandardgesetzes ähnlich ist. Es regelt die von ihm erfassten Gegenstände öffentlich-rechtlich. Das Arbeitsschutzrecht ist in seinen wesentlichen Hinsichten Recht der Gefahrenabwehr. Es ist geprägt durch staatliche Aufsicht, Zwang zur Erfüllung der gesetzlichen Vorgaben und durch Bußgeld- und Strafvorschriften, welche die Ausführung der

9 Näher *Waltermann*, RdA 2010, 162 (163 ff.).

10 Siehe auch *Thüsing,* Scheinselbstständigkeit im internationalen Rechtsvergleich, 2011.

arbeitsschutzrechtlichen Bestimmungen absichern. Während im Arbeitsverhältnisrecht der Einzelne zu entscheiden hat, ob er bestehende Ansprüche, eventuell mit gerichtlicher Hilfe, verfolgen will, wie es dem Bürgerlichen Recht durchgehend entspricht, wacht im Arbeitsschutzrecht der Staat wie sonst im Verwaltungsrecht über die Einhaltung der Gesetzesvorschriften. Die besondere Eigenart des Arbeitsrechts wird in dem dritten Teilgebiet, dem Kollektiven Arbeitsrecht am deutlichsten. Das zur Ausgleichung des Machtungleichgewichts zwischen Arbeitnehmern und Arbeitgebern geschaffene kollektive Arbeitsrecht enthält eigenständige Mechanismen für ein Kompromisse findendes Zusammenwirken von Arbeitgeber- und Arbeitnehmerseite auf dem Weg der sozialen Selbstverwaltung.

Man kann die Frage stellen, ob sich nicht im deutschen Arbeitsrecht innerhalb dieser Teilgebiete die Gewichte zu sehr vom kollektiven Arbeitsrecht mit seinen selbstregulierenden Mechanismen zum Arbeitsverhältnisrecht verschieben. Der zugleich zu beobachtende Ausbau gesetzlichen Schutzes im Arbeitsverhältnisrecht (z.B. durch das Allgemeine Gleichbehandlungsgesetz, AGG, und durch die AGB-Kontrolle, die seit 2002 auch für Arbeitsverträge gilt) ändert nichts daran, dass die Durchsetzung von Rechten im Arbeitsverhältnis, wenn man sich nicht einigen kann, die Klage des Einzelnen voraussetzt.

IV. Arbeitsrecht und Europäische Union

Das nationale Arbeitsrecht wird in vielen Bereichen durch das Recht der Europäischen Union überlagert. Das gilt für das Individualarbeitsrecht (mit diesem Begriff fasst man im deutschen Arbeitsrecht das Arbeitsverhältnisrecht und das Arbeitsschutzrecht zusammen) und für das Kollektivarbeitsrecht gleichermaßen. Das Unionsrecht ist als supranationales Recht dem nationalen Recht der Mitgliedstaaten übergeordnet. Die Auslegung des Unionsrechts liegt in den Händen des Gerichtshofs der Europäischen Union (EuGH).

V. Rechtstheoretische Grundlagen des Arbeitsverhältnisrechts

Das Arbeitsverhältnisrecht folgt, wie dargelegt wurde, in der Struktur seiner Rechtssätze im Wesentlichen dem allgemeinen Bürgerlichen Recht. Die speziellen Regelungen des Arbeitsverhältnisrechts bauen auf den Vorschriften des Bürgerlichen Rechts auf und knüpfen an seine Struktur an. Nicht selten kommen

Rechtsvorschriften des allgemeinen Bürgerlichen Rechts und des speziellen Arbeitsrechts nebeneinander zur Anwendung. So ist das Recht der Kündigung zu einem Teil dem Kündigungsschutzgesetz (KSchG) zu entnehmen, die Regelung der Kündigungsfristen und die Regelung der außerordentlichen Kündigungsgründe findet sich im BGB (§§ 622, 626 BGB).

Vor allem bei der Rechtsanwendung zeigt sich, dass das Arbeitsverhältnis im Zivilrechtssystem seinen Platz hat. Die Rechtsauslegung und Rechtsanwendung im Arbeitsverhältnisrecht folgt den Regeln und dem begrifflich-dogmatischen Rüstzeug der Zivilrechtsdogmatik. Dabei lässt sich im Arbeitsverhältnisrecht in den letzten Jahren durchaus eine kritischer gewordene Haltung gegenüber arbeitsrechtlichen Sonderentwicklungen und eine Rückbesinnung auf eine zivilistische Herangehensweise an Auslegungsfragen des Arbeitsrechts beobachten, auch in der Rechtsprechung des Bundesarbeitsgerichts. Zahlreiche arbeitsrechtliche Erscheinungen außerhalb des Arbeitsverhältnisrechts (wie Arbeitskampf, Tarifvertrag und Betriebsverfassung) können mit der Begrifflichkeit des Privatrechts nur zum Teil erfasst werden können.

Auch im Arbeitsverhältnisrecht (mehr jedoch im Recht der Verbände und dem Arbeitskampfrecht) fehlt es in einigen Hinsichten an geschriebenen oder für das Arbeitsverhältnis passenden Rechtssätzen. Wo gesetzliche Vorgaben fehlen oder unvollständig sind, müssen die Gerichte das Recht fortbilden. Nur so können sie die den Gerichten vom Grundgesetz (Art. 28 Abs. 1, Art. 19 Abs. 4 GG) auferlegte Pflicht erfüllen, jeden vor sie gebrachten Rechtsstreit sachgerecht zu entscheiden. Es wäre aber ein Missverständnis anzunehmen, Lückenhaftigkeit sei sozusagen ein Markenzeichen des Arbeitsrechts. Die allermeisten Fragen des Arbeitsverhältnisrechts sind, wenn auch in einer Vielzahl von Einzelgesetzen, geregelt. Wo Lücken im Gesetz bestehen, unterliegt die Rechtsfortbildung im Arbeitsrecht keinen anderen Kriterien als sonst.

VI. Die überkommene Gestaltung des Arbeitsverhältnisses durch das (Arbeits-) Recht in Deutschland

Manfred Löwisch hat in seinem Referat dargelegt, wie sich das deutsche Arbeitsrecht und das Arbeitsverhältnisrecht entwickelt haben.[11] Das Prinzip der Privatautonomie bildet von jeher die Grundlage des Bürgerlichen Rechts und

11 *Löwisch*, Das Verhältnis von Arbeitsrecht und Bürgerlichem Recht in Deutschland, S. 20 f. (in diesem Band).

damit des Arbeitsverhältnisrechts. Seit 1949 ist die für Privatautonomie zentrale Vertragsfreiheit verfassungsrechtlich durch Art. 12 Abs. 1 GG, Art. 2 Abs. 1 GG gewährleistet. Diese Gewährleistung schließt die Arbeitsvertragsfreiheit ein. Neben der Vertragsfreiheit steht die ebenfalls verfassungsrechtlich durch Art. 9 Abs. 3 GG gewährleistete Koalitionsfreiheit. Die Koalitionsfreiheit sichert die Vereinbarung von Arbeitsbedingungen auf einer kollektiven Ebene, gesetzlich unterstützt durch das Tarifvertragsgesetz (TVG) und die darin normierte unmittelbare und zwingende Wirkung der Normen des Tarifvertrags (§ 4 Abs. 1 TVG). Privatautonomie und Tarifautonomie wirken im deutschen Recht zusammen.

Natürlich kennt die Privatautonomie Grenzen. Das im Geist des Liberalismus entstandene Bürgerliche Gesetzbuch (BGB) formulierte zunächst nur die für eine freiheitliche Rechtsordnung unverzichtbaren äußeren Grenzen. Dazu gehört, dass gemäß § 138 BGB Rechtsgeschäfte, die gegen die guten Sitten verstoßen, nichtig sind. Das erfasst insbesondere Rechtsgeschäfte, durch welche Zwangslagen ausgebeutet und Unerfahrenheit oder Willensschwäche in dem Bestreben ausgenutzt werden, den anderen Vertragsteil zu übervorteilen. Das Bundesarbeitsgericht hat 2009 für die Grenze zum Lohnwucher höchstrichterlich einen Richtwert gebildet.[12] Danach ist Nichtigkeit der Vergütungsvereinbarung wegen Lohnwuchers gemäß § 138 Abs. 2 BGB gegeben, wenn die Arbeitsvergütung nicht einmal zwei Drittel des in der betreffenden Branche oder Wirtschafsregion üblicherweise gezahlten Tariflohns erreicht. Auch zwingendes Gesetzesrecht anderer Bereiche als des Bürgerlichen Rechts ist einzuhalten. Gemäß § 134 BGB sind Rechtsgeschäfte, die gegen ein gesetzliches Verbot verstoßen, nichtig. Das sichert die Abstimmung des Bürgerlichen Rechts mit allgemein geltenden öffentlich-rechtlichen Pflichten (ähnlich § 13 des japanischen ASG), im Arbeitsrecht also die Abstimmung des Arbeitsverhältnisrechts und des Arbeitsschutzrechts.

Im Lauf der Zeit sind der Privatautonomie in vielen Bereichen des Bürgerlichen Rechts engere Grenzen gezogen worden, nicht nur in Deutschland. Das diente einem notwendigen Interessenausgleich, der sich durch den „freien Vertrag“ allein nicht herstellen lässt. Im Arbeitsrecht sind derartige Grenzziehungen naturgemäß besonders ausgeprägt und rechtspolitisch besonders umstritten. Die Entwicklung in der zweiten Hälfte des 20. Jahrhunderts im Arbeitsrecht verstärkte zunächst den Schutz der Beschäftigten im Arbeitsverhältnis. Längst hatte sich das Individualarbeitsrecht neben dem Kollektiven Arbeitsrecht von einem polizeilichen und öffentlich-rechtlichen Arbeiterschutzrecht mehr zu einem privat-

12 BAG 22.4.2009 – 5 AZR 436/08 – NZA 2009, 837 ff.

rechtlichen „Recht des Arbeitsverhältnisses" mit Normierung von Rechten und Pflichten gewandelt. Triebfeder waren das Bestreben nach Interessenausgleich und nach Gewährleistung würdiger Arbeitsbeziehungen. Erreicht wurde zugleich eine beträchtliche Identifizierung der Belegschaften mit ihren Unternehmen. Alle haben davon profitiert, wenn das Arbeitsrecht dazu beitrug, dass sich die Gesellschaft durch Aufstiegserfolge aus unteren Schichten beständig regenerieren konnte, was auf Bildung, Perspektive und damit verbundener Leistungskraft und Leistungsmotivation gründet. Vor allem das Arbeitsverhältnisrecht wurde dann seit den 1980er Jahren von einem weltweit auf Deregulierung setzenden gegenläufigen Trend erfasst.[13]

VII. Neue Beschäftigungsformen

Die auf Deregulierung setzenden Reformen der letzten rund 20 Jahre haben, auch in Deutschland, neue Beschäftigungsformen in dem Bestreben begünstigt, die Arbeitslosigkeit zu verringern. In vielen Mtgliedstaaten der Europäischen Union hat die Präsenz des Normalarbeitverhältnisses seit den 1990er Jahren abgenommen, und der Anteil „neuer Beschäftigungsformen" ist (unterschiedlich stark) angestiegen. In Deutschland, Italien, Dänemark und Großbritannien liegt er heute bei etwa einem Drittel der Beschäftigten, ähnlich also wie in Japan. Die „neuen Beschäftigungsformen" werden in Deutschland allgemein mit dem Begriff der atypischen Beschäftigung belegt. Dazu zählt man vor allem die Teilzeitbeschäftigung, wenn die Beschäftigung einen Zeitumfang von 20 oder weniger Stunden hat, die Beschäftigung in einem befristeten Arbeitsverhältnis und die Beschäftigung in Leiharbeit. Bei diesen Formen der atypischen Beschäftigung handelt es sich um Beschäftigung auf der Grundlage eines Arbeitsverhältnisses. Die Zunahme neuer Beschäftigungsformen und deren Konsequenzen war Thema des Deutschen Juristentags 2010 in Berlin.[14]

Die nicht nur in Deutschland zu beobachtende Zunahme der Beschäftigungsformen abseits des traditionellen Normalarbeitsverhältnisses beruht auf unterschiedlichen Gründen. Eine wesentliche Triebfeder der Teilzeitbeschäftigung liegt in dem Anliegen von Arbeitnehmern und Gesellschaft, Beruf und Familie

---

13 Siehe dazu *Löwisch,* Das Verhältnis von Arbeitsrecht und Bürgerlichem Recht in Deutschland, S. 26 ff. (in diesem Band).

14 Verhandlungen des 68. Deutschen Juristentages Berlin 2010, Bd. II/2, Sitzungsberichte (Diskussion und Beschlussfassung), Abteilung Arbeits- und Sozialrecht, 2010.

besser in Einklang zu bringen. Anders liegt es in einem in Deutschland praktisch wichtigen Teilbereich der Teilzeitbeschäftigung, der sog. geringfügigen Beschäftigung[15]. Die geringfügige Beschäftigung, insbesondere in der Form der „400-Euro Jobs“ (wegen der Grenze des Monatsverdienstes bei 400 Euro), ist arbeitsrechtlich Teilzeitbeschäftigung. Sie unterscheidet sich von der üblichen Teilzeitbeschäftigung durch ihre Sonderbehandlung bei den Abgaben: Die geringfügige (Teilzeit-) Beschäftigung ist in der Kranken-, Pflege-, Renten- und Arbeitslosenversicherung von der Sozialversicherung und der normalen Steuerpflicht ausgenommen. Die damit verbundene Abgabenprivilegierung ist beschäftigungspolitisch motiviert. Man wollte bei der Reform dieser sog. „Minijobs“ im Jahr 2003 geringfügige Beschäftigungsverhältnisse unter Zurückstellung der ihnen bis dahin entgegengebrachten Bedenken ausweiten und Anreize zur Schaffung bzw. Aufnahme einer solchen Beschäftigung geben, um Arbeit im Niedriglohnsektor zu fördern. Eine ähnliche beschäftigungspolitische Motivation liegt auch den zur selben Zeit verwirklichten Reformen der Leiharbeit und der befristeten Beschäftigung zugrunde, mit denen der Rechtsrahmen für diese Arbeitsverhältnisse beträchtlich dereguliert worden ist.

1. Teilzeitbeschäftigung und geringfügige Beschäftigung

Der nicht nur in Deutschland zu beobachtende Anstieg der Teilzeitbeschäftigung dürfte mehr Vorzüge als Nachteile haben. Für Arbeitgeber hat Teilzeitbeschäftigung den Vorteil einer höheren Belastbarkeit der Teilzeitbeschäftigten und flexibler Einsatzmöglichkeiten, was sich mit Motivationsvorteilen bei den Arbeitnehmern verbinden kann. Bei den Arbeitnehmern steht das Anliegen einer besseren Vereinbarkeit von Beruf und Familie im Vordergrund, was in einer Zeit knapper werdender Fachkräfte wiederum günstige Rückwirkung auf Unternehmen hat, weil man Kräfte gewinnt, die für eine Vollzeitstelle nicht zur Verfügung stehen könnten. Teilzeitarbeit hat in der Praxis vor allem für Frauen Bedeutung. Das deutsche Arbeitsrecht fördert Teilzeitbeschäftigung, in Unternehmen mit mehr als 15 Arbeitnehmern besteht ein Anspruch auf Teilzeitbeschäftigung, soweit betriebliche Gründe nicht entgegenstehen (§§ 6, 8 TzBfG)[16]. Das durch Richtlinienrecht der Europäischen Union vorgegebene Verbot der Diskriminierung Teilzeitbeschäftigter ist durch § 4 TzBfG umgesetzt. In der rechtspolitischen Bewertung besteht nach allgemeiner Überzeugung in Bezug auf die

15 Überblick zum Recht der geringfügigen Beschäftigung bei *Fuchs/Preis*, Sozialversicherungsrecht, 2. Aufl., 2009, S. 185 ff.; *Waltermann*, Sozialrecht, 10. Aufl., 2012, Rn. 117–124 mit weiteren Nachweisen.

16 Zu den Anspruchsvoraussetzungen und zur Frage entgegenstehender betrieblicher Gründe stellvertretend BAG 30.9.2003 – 9 AZR 665/02 – NZA 2004, 382 ff.; BAG 13.11.2007 – 9 AZR 36/07 – NZA 2008, 314 ff.

sozialversicherungspflichtige Teilzeitbeschäftigung von allen neuen Beschäftigungsformen derzeit der geringste Anlass, den in Deutschland geltenden Rechtsrahmen zu verändern. Nachteile der Teilzeitbeschäftigung können sich, wenn alle Rechtsvorschriften eingehalten werden, nur aus dem geringeren Umfang der Erwerbstätigkeit ergeben. Der geringere Umfang führt zu geringerem Einkommen der Beschäftigten und zu geringerem Beitragsaufkommen in der Sozialversicherung, damit im deutschen Sicherungssystem zu geringerer Altersvorsorge. Das kann zu Problemen führen, wenn die Teilzeitbeschäftigung nicht dauerhaft in einen Haushaltskontext mit weiterem Einkommen eingebettet ist und längerfristig erfolgt. Hier sind mit dem Blick in die Zukunft die veränderten gesellschaftlichen Realitäten in Bezug auf Ehe, Familie und Partnerschaft sowie die zunehmende Instabilität von Ehen und Partnerschaften zu bedenken.

Handlungsbedarf erkennt man in Deutschland dagegen zunehmend im Hinblick auf die abgabenprivilegierte geringfügige Beschäftigung als besondere Form der Teilzeitbeschäftigung.[17] Bei den „Minijobs" sind nur pauschale Beiträge zur Kranken- und Rentenversicherung und eine geringe pauschale Steuer zu entrichten. Außer in der Renten- und Unfallversicherung bestehen keine Leistungsansprüche der Beschäftigten. Diese Privilegierung ist jedoch mit beträchtlichen Nachteilen verbunden, denen längerfristig keine Vorteile gegenüberstehen. Bei ihrer Einführung wurde von einer Brückenfunktion der Minijobs in normale Arbeit ausgegangen. Diese Brückenfunktion ist jedoch bisher in keiner einzigen Untersuchung bestätigt worden. Das ist nicht verwunderlich, denn Minijobs haben ihre praktische Bedeutung vor allem im Dienstleistungssektor und dort vornehmlich in Branchen, in denen Vollzeitbeschäftigung selten vorkommt (etwa in der Gastronomie oder in der Gebäudebetreuung) und in denen die Vollzeitbeschäftigung gegenüber der Teilzeitbeschäftigung keine Präferenz genießt. Die Berechtigung der Abgabenprivilegierung zu überprüfen wird auch deshalb dringlich, weil die Zahl der geringfügigen Beschäftigungsverhältnisse in Deutschland inzwischen auf rund 7,5 Mio. angewachsen ist. Die in anderen europäischen Ländern (außer in Österreich) nicht anzutreffende Sonderbehandlung von geringfügigen Teilzeitbeschäftigungsverhältnissen hat auch eine bisher zu wenig beachtete und in unserem Themenzusammenhang interessante ungünstige ökonomische Wirkung. Diese ökonomische Wirkung dürfte es in einem auf Privatautonomie gegründeten Arbeitsverhältnisrecht nicht geben, weil sie sinnvol-

17 Nach meiner Auffassung sollte man die Abgabenprivilegierung der Mini-Jobs in Deutschland abschaffen, siehe *Waltermann*, NJW 2013, 118 ff. mit weiteren Nachweisen. Für eine Anpassung des Rechtsrahmens *Griese/Preis/Kruchen*, NZA 2013, 113 ff.

ler Vertragsfreiheit zuwiderläuft. Sie liegt in folgendem: Die Privilegierung der Minijobs bei Abgaben und Steuern wird ohne jeden Zweifel bei Abschluss des Arbeitsvertrags in Bezug auf die Lohnhöhe einkalkuliert. Unternehmen und Arbeitnehmer haben durch die Abgabenprivilegierung gleichermaßen, kurzfristig betrachtet, Vorteile, worin ein Fehlanreiz liegt. Die Arbeitnehmer bekommen das Geld in die Hand, längerfristige Nachteile für sie selbst und für die Gesellschaft aufgrund der Sozialversicherungsfreiheit liegen außerhalb ihrer Wahrnehmung. Die Unternehmen entrichten zwar pauschalierte Abgaben, sie haben jedoch unter dem Strich betriebswirtschaftlich Kostenvorteile gegenüber einer normalen (Teilzeit-) Beschäftigung. Am Ende wird in Kenntnis der ökonomischen Wirkung der Rechtslage eine „Nettoentgeltvereinbarung" geschlossen. Man einigt sich unter Berücksichtigung der Abgabenprivilegierung bei Sozialversicherungsbeiträgen und Steuern auf den Betrag, mit dem in der Tasche der Arbeitnehmer zufrieden ist und der dem Unternehmer unter Berücksichtigung der Pauschalabgaben angebracht erscheint. Ohne die Abgabenprivilegierung würde man anders kalkulieren.

Dieser die Privatautonomie und die Vertragsfreiheit betreffende Fehlanreiz führt in seinen Auswirkungen nicht nur zu einer Verzerrung des Arbeitsmarkts mit Auswirkung auf die Lohngestaltung im einzelnen Arbeitsverhältnis. Der Fehlanreiz beeinflusst darüber hinaus in zahlreichen Bereichen die Personalplanung, und er prägt am Ende die Struktur des Arbeitsmarkts in den Bereichen, in denen Minijobs vermehrt anzutreffen sind. Wer dort benötigte Arbeit sucht, findet Minijob-Angebote. Die skizzierte Abgabenprivilegierung beeinflusst damit das Vertragsgeschehen am Arbeitsmarkt. Es zeigt sich, dass trotz des bürgerlichrechtlichen Rahmens, in den das Arbeitsverhältnis und das Arbeitsverhältnisrecht eingebettet sind, heute auch in diesem Zusammenhang Einflüsse des Sozialrechts wesentlich werden können und beachtet werden müssen.

2. Leiharbeit

Die Leiharbeit gehört in Deutschland im Augenblick zu den im Arbeitsrecht wohl am meisten diskutierten Phänomenen. Das Recht der Leiharbeit ist mit Wirkung vom 1. Januar 2003 umgestaltet und nochmals dereguliert worden. Seitdem ist die Leiharbeit beschäftigungspolitisch ausgerichtet. In der Folge ist die Zahl der Leiharbeitsverhältnisse ständig angestiegen, sie liegt (nach einem Rückgang infolge der Finanzmarktkrise) derzeit bei rund 900.000 durchschnittlichen Beschäftigungsverhältnissen im Jahr (1990: ca. 123.000; 2004: ca. 399.000). Im Hintergrund des Rechts der Leiharbeit steht seit 2008 eine Richtlinie der Europäischen Union (RiL 2008/104 EG). Die auf der Ebene der Europäischen Union und nach dem deutschen Arbeitsrecht mit der Leiharbeit verfolgten Ziele, den Bedarf der Unternehmen an Flexibilität ihres Personaleinsatzes zu decken und mit Leiharbeit die beschäftigungspolitische Lage zu verbessern, verbinden sich mit Anforderungen an die Qualität des Arbeitsplatzes von Leiharbeitnehmern. Deshalb steht der im Recht der Leiharbeit vorgenommenen Deregulierung ein Schutzgebot in Gestalt eines Gleichbehandlungsgrundsatzes gegenüber (Art. 5 Abs. 1 RL 2008/104/EG; § 9 Nr. 2, 10 Abs. 4 S. 1 AÜG). Man spricht im Hinblick auf diesen gesetzlichen und im Ausgangspunkt zwingenden[18] Gleichbehandlungsgrundsatz meist von den Geboten des *Equal Pay* und des *Equal Treatment*. Der Grundsatz der Gleichbehandlung bezieht sich auf die wesentlichen Arbeits- und Beschäftigungsbedingungen während der Dauer der Überlassung an einen Entleiher, und zwar bei einer hypothetischen Direkteinstellung beim Entleiher. Dazu gehört vor allem auch das Entgelt.

Die Richtlinie der Europäischen Union und das deutsche Arbeitnehmerüberlassungsrecht (AÜG) ermöglichen die Regelung von Ausnahmen vom Gleichbehandlungsgrundsatz durch den nationalen Gesetzgeber und durch die Tarifvertragsparteien (Art. 5 RiL 2008/104/EG; § 9 Nr.2 Halbsätze 2, 3 AÜG. Das prägt die gegenwärtige Praxis im deutschen Arbeitsrecht. Die Gleichbehandlung von Leiharbeitnehmern und Stammarbeitskräften kommt so gut wie nicht vor[19]. Im deutschen Recht ist der Gleichbehandlungsgrundsatz in zweifacher Weise zur Disposition gestellt. Er ist erstens tarifdispositiv ausgestaltet (§ 9 Nr. 2 Halbsatz 2 AÜG), und zweitens können im Geltungsbereich eines Tarifvertrags, der vom Gleichbehandlungsgrundsatz abweichende Bestimmungen enthält, nicht tarifgebundene Arbeitgeber und Arbeitnehmer die Anwendung des Tarifvertrags durch eine arbeitsvertragliche Bezugnahmeklausel vereinbaren(§ 9 Nr. 2 Halbsatz 3 AÜG). In den Formulararbeitsverträgen der Verleiher ist diese Bezugnahme durchweg vorgesehen. Das Ausnahmekonzept folgt dem Regelungsmuster des tarifdispositiven Gesetzesrechts. Nun besteht allerdings in der Leiharbeit ein nur ganz minimaler Organisationsgrad. Auf der Arbeitnehmerseite sind vielleicht zwei Prozent der Leiharbeitnehmer gewerkschaftlich organisiert. Dabei würden die für die Praxis seit 2003 wesentlichen Tarifverträge von dem Zu-

18 Siehe Erwägungsgrund 14 der RiL 2008/104/EG und z.B. *Fuchs,* NZA 2009, 57 (62 f.); *Schlachter/Klank,* AuR 2010, 354 (354).

19 Seit kurzem binden in einigen Branchen, namentlich in der Metallindustrie, Tarifverträge die Entleiher und sehen die stufenweise Heranführung an gleiches Entgelt vor. Überblick bei *Krause*, NZA 2012, 830 ff.

sammenschluss kleiner Gewerkschaften zu einer Spitzenorganisation (§ 2 Abs. 3 TVG) geschlossen. Diese Spitzenorganisation, die Christliche Gewerkschaft Zeitarbeit und Personaldienstleistungen (CGZP) beruht auf dem Zusammenschluss von drei Gewerkschaften, die nach eigenen Angaben im Jahr 2008 nur 1.383 Mitglieder in der Arbeitnehmerüberlassung (bei durchschnittlich beschäftigten 760.604 Leiharbeitnehmern im Jahr 2008) zählte.[20] Die aus den drei Gewerkschaften mit wenigen Mitgliedern unter den Leiharbeitnehmern speziell für Tarifabschlüsse in der Leiharbeit gebildete Spitzenorganisation (CGZP) hat das BAG mit – für alle bindend wirkenden - Beschlüssen aus den Jahren 2010 und 2012 als nicht tariffähig eingestuft.[21] Die von der CGZP geschlossenen Tarifverträge, auf die in den Formulararbeitsverträgen in der Leiharbeit flächendeckend Bezug genommen wurde und die von dem gesetzlich vorgesehenen Gleichbehandlungsgrundsatz vor allem beim Entgelt („Equal Pay") erheblich nach unten abweichen, sind damit unwirksam. Dadurch sind viele Folgefragen entstanden, die derzeit im deutschen Arbeitsrecht intensiv diskutiert werden und viele Arbeitsgerichte und Sozialgerichte beschäftigen[22]. Die wesentlichste Folgefrage ist, ob die Sozialversicherungsträger Beiträge auf die Differenz zwischen den arbeitsvertraglich in Bezug genommenen niedrigen Tariflöhnen und dem Vergleichslohn (Equal Pay) in beträchtlicher Höhe verlangen können (und dann im Interesse der Versichertengemeinschaft in der Sozialversicherung sowie der Rentenanwartschaften der Beschäftigten beanspruchen müssen.)

In meiner Bewertung liegt die Ursache für den bemerkenswerten Zustand von Rechtsunsicherheit, in dem sich das Arbeitsrecht in der deutschen Leiharbeit im Moment befindet, in der skizzierten gesetzlichen Ausnahmekonzeption. Diese ist eine gesetzgeberische Fehlleistung.[23] Eigentlich sollte die Tariföffnung insbesondere dem Umstand Rechnung tragen, dass Leiharbeitnehmer in Deutschland auch in der Zeit zwischen den Überlassungen entlohnt werden. Sie dient in der Praxis aber vor allem dazu, niedrige Entgelte über die arbeitsvertragliche Bezugnahme zu verwirklichen, was unter deutschen Arbeitsrechtlern verbreitet für sinnvoll gehalten wird. In Bereichen, in denen die Tarifautonomie auf der Arbeitnehmerseite so gut wie keine Mitglieder hat, ist es jedoch evident verfehlt, die (formular-)arbeitsvertragliche Bezugnahme auf Tarifverträge vorzusehen,

20 Festgehalten in BAG 14.12.2010 – 1 ABR 19/10 –, NZA 2011, 289 (291).
21 BAG 14.12.2010 – 1 ABR 19/10 –, NZA 2011, 289; BAG 22.5.2012 – 1 ABN 27/12, BB 2012, 1471; BAG 23.5.2012 – 1 AZB 58/11 –, NZA 2012, 623.
22 Einen Überblick gibt der Beitrag von *Schlegel*, NZA 2011, 380 ff.
23 Vgl. *Waltermann,* NZA 2010, 482 ff.

die mit schwachen Gewerkschaften geschlossen werden und die gesetzlich bereits gewährten und ausreichenden Schutz herabsetzen.[24] Solche Gewerkschaften können keine weiteren Mitglieder gewinnen, so dass sich eine Tarifautonomie im eigentlichen Sinn niemals entwickeln kann. Die Rechtslage im deutschen Recht der Leiharbeit rückt die Tarifautonomie und die Gesetzgebung in ein schlechtes Licht. Es sind die geradlinigen Gesetze, die die Akzeptanz der Rechtsordnung in den Demokratien erhalten.

3. Befristete Beschäftigung

In vielen Ländern, auch in Deutschland und Japan, sind die Möglichkeiten, befristete Arbeitsverhältnisse zu vereinbaren, erleichtert worden. Das Gesetz unterscheidet in Deutschland die Befristung aus Sachgründen (§ 14 Abs. 1 TzBfG) und die sachgrundlos mögliche Befristung (§ 14 Abs. 2, Abs. 2 a, Abs. 3 TzBfG). Die sachgrundlose Befristung ist für die Dauer von bis zu zwei Jahren grundsätzlich zulässig. Nach der Gründung eines Unternehmens ist sie in den ersten vier Jahren bis zur Dauer von vier Jahren möglich, und die sachgrundlose Befristung ist bis zur Dauer von fünf Jahren erlaubt, wenn ein Arbeitnehmer das 52. Lebensjahr vollendet hat und unmittelbar zuvor wenigstens vier Monate lang beschäftigungslos gewesen ist.

Die Befristung aus Sachgründen zu erlauben, ist Selbstverständlichkeit. Es kommt allein darauf an, ob die im Gesetz stehenden Sachgründe überzeugen können. Die sachgrundlose Befristung zu ermöglichen, bedarf dagegen einer besonderen Rechtfertigung. Denn es ist im Ausgangspunkt mit dem Europäischen Gerichtshof (EuGH) anzunehmen, dass unbefristete Arbeitsverträge die übliche Form des Beschäftigungsverhältnisses sind, der Rückgriff auf befristete Arbeitsverhältnisse dagegen Ausnahmecharakter hat.[25] Ausnahmen vom Bestandsschutz sollten stets am Verhältnismäßigkeitsgrundsatz orientiert sein. Weil die sachgrundlose Befristung nicht mit einer Rechtsschutzgewährung verbunden ist, sollte der Gesetzgeber von der Eröffnung einer Befristung ohne Sachgrund nur mit großer Zurückhaltung Gebrauch machen.[26]

---

24 Ausführlich zum hier vertretenen Standpunkt *Waltermann,* in: Festschrift für Bepler, 2012, S. 569 ff.

25 Vgl. EuGH 10.3.2011 – C 109/09 – NZA 2011, 397 (398).

26 Überzeugend *Wiedemann,* Festschrift für Otto, 2008, S. 609 (615).

4. Arbeitsverhältnisse mit geringen Erträgen

In Deutschland ist vor dem Hintergrund des Konkurrenzdrucks im globalen Wettbewerb und des Wandels zu Dienstleistungsarbeit die Zahl niedrig entlohnter Arbeitsverhältnisse gestiegen.[27] Daran haben die Reformen des Arbeits- und Sozialrechts der letzten zehn Jahre mitgewirkt, die eine Ausweitung des Niedriglohnsektors bezweckt und erreicht haben. Inzwischen gelangen damit verbundene Probleme in das Blickfeld, und es kommt zu ersten Reaktionen. In der Leiharbeit haben die dort verbreitet niedrigen Erträge den Gesetzgeber veranlasst, einen Mindestlohn für diesen Bereich einzuführen (§ 3a AÜG).

Auf einen etwas versteckten Gesichtspunkt möchte ich hinweisen, der das auf Privatautonomie gegründete Aushandeln von Arbeitsleistung und Entgelthöhe ungünstig beeinflusst: Zum Teil werden Arbeitsverhältnisse mit niedriger Vergütung (in geringfügiger Beschäftigung, in der Leiharbeit aber auch in sozialversicherten Normalarbeitsverhältnissen mit geringem Ertrag) in Deutschland durch steuerfinanzierte Aufstockungsleistungen zur Sicherung des Existenzminimums bezuschusst. In Deutschland greifen die sozialrechtliche Grundsicherung, die subsidiäre Sicherung des Existenzminimums, auch ein, wenn trotz einer ausgeübten Erwerbstätigkeit Bedürftigkeit verbleibt (§§ 7 Abs. 1, 9 SGB II). Arbeitsentgelt und Sozialleistung können nebeneinander stehen. Natürlich bildet niedriges Arbeitsentgelt nur eine von mehreren Ursachen, die trotz einer ausgeübten Arbeitstätigkeit sozialrechtlich zu Hilfebedürftigkeit und also zu Leistungen führen können. Andere Ursachen sind ein zu niedriger Arbeitsumfang (auch Teilzeitbeschäftigung Alleinerziehender) und der Haushaltskontext; bei Paaren mit zwei (oder mehr) Kinder bei denen ein Elternteil allein verdient, ist ein Aufstockungsbedarf auch oberhalb der Niedriglohnschwelle (sie liegt bei rund 1.800 Euro im Monat) nicht selten.

Zu bedenken ist:[28] Die sozialrechtliche Aufstockung von niedrigen Löhnen beeinflusst die Marktsituation am Arbeitsmarkt im Niedriglohnbereich. Es liegt

27 Soeben erschienen ist die „Verdienststrukturerhebung 2010" des Statistischen Bundesamts, siehe Statistisches Bundesamt (Hrsg.), Niedriglohn und Beschäftigung 2010 (abrufbar unter https://www.destatis.de). Siehe auch Begleitmaterial zur Pressekonferenz am 10. September 2012, https://www.destatis.de.

28 Ausführlich *Waltermann*, Abschied vom Normalarbeitsverhältnis? Gutachten B für den DJT 2010, S. 85 ff.

genauso wie bei der Abgabenprivilegierung der Minijobs. Die Aufstockung ermöglicht es den Vertragsparteien, die aufstockende Sozialleistung beim Vertragsschluss mit Einfluss auf die Lohnhöhe im Einzelfall einzukalkulieren, das hat wiederum Auswirkung auf die Personalplanung der Unternehmen, und dies hat am Ende Rückwirkung auf die Stellenstruktur im Bereich des Niedriglohnsektors. Es bedarf keiner langen Darlegung, dass durch dieses Zusammenwirken von Privatrecht und Sozialrecht die ohnehin in Zeiten hoher Arbeitslosigkeit, zumal in Bereichen einfacher Dienstleistungen und in manchen Bereichen globalisierter Arbeitsmärkte im Niedriglohnsektor ungünstige Verhandlungsposition der Arbeitnehmer nochmals verschlechtert wird. Es bleibt offen, wo der „markträumende Preis" liegen könnte, und es entstehen bedenkliche Mitnahmeeffekte. Das widerspricht dem Konzept der Rechtsordnung, und zu fragen ist, ob man dem nicht entgegenwirken müsste.

VIII. Folgen niedriger Erträge aus Arbeit

Es wird notwendig sein, darüber nachzudenken, welche Folgen niedrige Erträge aus Arbeit, in Deutschland in einem Fünftel der Arbeitsverhältnisse und darüber hinaus in Kleiner Selbständigkeit, auf die längere Dauer nach sich ziehen.[29] Der in Deutschland und in anderen Ländern ausgeweitete Niedriglohnsektor führt Arbeitsentgelt und Sicherung des Existenzminimums in zu vielen Fällen nah aneinander. Das ist alarmierend. Die gegenwärtigen Auswirkungen könnte man im Hinblick auf die lange Jahre hohe Arbeitslosigkeit hinnehmen. Niedrige Entgelte in Arbeitsverhältnissen haben aber beachtliche ungünstige Auswirkungen auf die Altersvorsorge. In Bezug auf die Altersvorsorge, die in Deutschland wie in Japan auf der Versicherung beruht, zeigt sich die Unvereinbarkeit einer Verfestigung niedriger Entgelte in der inzwischen erreichten Größenordnung und deren Begünstigung durch das Recht in aller Deutlichkeit. Geringe Erträge aus Arbeit laufen dem Konzept einer auf Versicherung beruhenden Altersvorsorge zuwider. Ein solches Konzept der Altersvorsorge ist auf Erträge aus Arbeit unbedingt angewiesen. Ohnehin entfällt der wesentliche Anteil des Volkseinkommens (in Deutschland rund 65%, bei abnehmender Tendenz) auf die Arbeitnehmerentgelte. Es könnte deshalb sein, dass sich in Deutschland, auch wegen des demographischen Wandels, die zu lösende Aufgabe von der Bekämpfung der Arbeitslosigkeit zur Verhinderung von Arbeit zu nicht existenzsichernden Entgelten, die eine mangelhafte Altersvorsorge nach sich zieht, verschieben könnte.

29 Näher zum hier vertretenen Standpunkt *Waltermann,* JZ 2012, 553 ff.

Um eine Rente in der Höhe der sozialrechtlichen Grundsicherung in Deutschland zu erreichen, müsste ein Arbeitnehmer einen Stundenlohn von 8 Euro bekommen, in einer 40-Stunden-Woche beschäftigt sein und das – in der Praxis vollkommen unrealistische – 45 Versicherungsjahre lang ohne jede Unterbrechung (etwa durch Arbeitslosigkeit) durchhalten. Davon sind die meisten weit entfernt. Das führt nicht nur zu dem begründeten Einwand, Altersvorsorge habe für wenig Verdienende keinen Sinn. Folge ist, dass in der Zukunft in steigendem und beträchtlichem Maß niedrige Renten entweder aus Steuermitteln oder von anderen Beitragszahlern im Weg der Umverteilung aufgestockt werden müssen. Das verschiebt Probleme, die wir in der Gegenwart in den Arbeitsverhältnissen durch Arbeitsrecht nicht lösen, zu Lasten der nächsten Generation in die Zukunft weiter. Die damit verbundene finanzielle Belastung wird demnächst vor allem die Mittelschicht zu spüren bekommen, welche die (alternde Gesellschaft) wesentlich mitträgt. In allen Demokratien hängt aber die Stabilität der Gesellschaft – und damit auch die Bedingung für geordnetes Wirtschaften der Unternehmen – davon ab, dass sich dieser Personenkreis nicht aus Mangel an Perspektive abwendet.

IX. Herausforderungen für das Arbeitsrecht

Vielleicht liegt hier eine der Herausforderungen der nächsten Jahre für das Arbeitsrecht, nicht nur in Deutschland. In welchem Teilgebiet des Arbeitsrechts könnte sie angefasst werden?

An sich wäre in Deutschland die Tarifautonomie zuständig. Ist aber die Tarifautonomie in der Lage, existenzsichernde Erträge aus abhängiger Arbeit im Niedriglohnsektor zu gewährleisten? Die Frage ist für Deutschland zu verneinen. Es besteht ein beträchtliches und, soweit ersichtlich, nicht bestrittenes Funktionsdefizit der Tarifautonomie im Niedriglohnsektor.[30] In Dienstleistungsbereichen mit niedrigen Entgelten, in der Leiharbeit und in den sonstigen Bereichen niedriger Vergütung von Arbeit ist die auf Mitgliedschaft beruhende deutsche Tarifautonomie nicht präsent. Ob die in Deutschland von Mitgliederrückgang auf Seiten der Arbeitnehmer und Arbeitgeber gekennzeichnete Tarifautonomie in der gegenwärtigen gesetzlichen Ausgestaltung in der Lage sein wird, die Herausforde-

30 Instruktiv *Monopolkommission,* 18. Hauptgutachten 2008/2009, BT-Drs. 17/2600, S. 236 ff.

rungen der Zukunft abseits ihrer starken Verankerung in einigen Bereichen der Wirtschaft (wie namentlich Metall und Chemie) und des öffentlichen Dienstes zu bewältigen, müsste man hinterfragen.

Weil in den Bereichen, die die Tarifautonomie nicht zu gestalten vermag, die niedrigen Entgelte liegen, ist auch in Deutschland eine Diskussion über arbeitsrechtliche Mindestlöhne entstanden. Dass das allgemeine Bürgerliche Recht die hier liegenden Herausforderungen mit seiner Grenzziehung bei sittenwidrigen, insbesondere wucherischen Löhnen (§ 138 BGB) nicht bewältigt, ist nicht zweifelhaft. Einen allgemeinen gesetzlichen Mindestlohn, wie er auch in Japan gilt, gibt es in der Europäischen Union in 20 der 27 Mitgliedstaaten. In Deutschland ist das Thema stärker emotional besetzt als in anderen Ländern. Im Jahr 2009 hat man als Kompromisslösung ein (in anderen Ländern nicht zu findendes) Modell „branchenbezogener" Mindestlöhne eingeführt, das auf zwei verschiedenen Wegen in jeweils komplizierten Verfahren Tariflöhne erstrecken oder Mindestlöhne festsetzen kann. Das wird absehbar nur zu einem Flickenteppich unterschiedlich hoher Mindestlöhne führen, der längst nicht alle Bereiche erfasst, in denen die niedrigen Entgelte liegen. Inzwischen arbeiten auch die Regierungsparteien an einen Gesetzentwurf für einen flächendeckenden Mindestlohn. Das ist nicht nur deshalb längst überfällig, weil man fragen muss, ob nicht benötigte und ordnungsgemäß erbrachte Arbeit die Vergütung zu einem Stundenlohn gebietet, der bei Ausschöpfung der Arbeitskraft die Existenz sichert. Es muss vielmehr durch das Arbeitsrecht ein stimmiges Verhältnis zwischen der Entlohnung im Niedriglohnsektor und dem gesellschaftstypischen Existenzminimum hergestellt sein, welches die sozialrechtliche Grundsicherung abdeckt. Das zeigt deutlich die in der deutschen arbeitsrechtlichen Diskussion bisher zu wenig berücksichtigte sozialrechtlich gebotene Aufstockung von niedrigen Arbeitslöhnen und geringen Rentenansprüchen zur Sicherung des Existenzminimums. Wenn man das dargelegte Zusammenspiel von Arbeitsrecht und Sozialrecht berücksichtigt, ist ein allgemeiner gesetzlicher Mindestlohn nichts anderes als das unverzichtbare Gegengewicht zur marktverzerrenden Kombilohnwirkung der sozialrechtlichen Absicherung des Existenzminimums. Kombilöhne setzen den Mindestlohn voraus. An dieser Stelle, im Arbeitsrecht, liegt die Lösung des soeben skizzierten Problems.

Kurz zusammengefasst: Das deutsche Bürgerliche Recht hatte nie im Sinn, den Vertragsparteien Vorschriften über die im Austauschverhältnis stehenden Leistungsinhalte zu machen. Deshalb lässt auch das Recht der AGB-Kontrolle (§§ 305 bis 310 BGB), das seit 2002 auch im Arbeitsrecht gilt und seitdem Rechtsprechung und Rechtswissenschaft viel beschäftigt, Abreden über den unmittelbaren Gegenstand der Hauptleistung (im Arbeitsverhältnis also Arbeitsleistung und Entgeltzahlung) kontrollfrei. Das Privatrecht geht aber selbstverständlich von der Vorstellung aus, dass die Einzelnen eigenverantwortlich die Existenz sichern. Für die eigenverantwortliche Existenzsicherung hat die Rechtsordnung einen geeigneten Rechtsrahmen zu gewährleisten. Was die Arbeitsverhältnisse angeht, ist die Gewährleistung dieses Rechtsrahmens Aufgabe des Arbeitsrechts. Arbeitsleistung und Entgeltzahlung die Struktur zu geben, ist in Deutschland dabei traditionell Aufgabe der Tarifautonomie. Deren Funktionsdefizit im Niedriglohnbereich macht inzwischen jedoch eine gesetzliche Mindestlohnregelung unausweichlich, um der Privatautonomie zuwiderlaufende Marktverzerrungen durch die sozialrechtliche Absicherung des Existenzminimums zu verhindern. Ohnehin gebietet benötigte und ordnungsgemäß erbrachte Arbeit eine ordnungsgemäße und mehr als die nicht sittenwidrige Bezahlung.

X. Ausblick

1. Man wird sagen können, dass wesentliche Herausforderungen des Arbeitsverhältnisrechts und seines Zusammenspiels mit dem Bürgerlichen Recht im Niedriglohnbereich und im Bereich der neuen Beschäftigungsformen liegen, nicht nur in Deutschland. Gerade diesen Bereich betrafen ja auch die Arbeitsmarktreformen der letzten 10 bis 20 Jahre, in Japan, in Deutschland und in vielen anderen Ländern. Das führt zu der Frage, mit welchem Modell der Arbeitsbeziehungen man auf Dauer, zumal in alternden Gesellschaften, gesellschaftliche Prosperität und wirtschaftlichen Erfolg erreichen könnte. Viel spricht dafür, dass ein Modell, welches Existenzsicherung auf privatrechtlicher Grundlage und soziale Vorsorge durch Versicherung verbindet, also das gewachsene Modell, das in Japan und Deutschland ja ähnlich ist, weitaus mehr Zukunftsperspektiven eröffnet als ein Modell mit preiswerter Arbeit, großem Niedriglohnsektor, viel atypischer Beschäftigung und versorgungsstaatlicher Unterstützung Vieler zu Lasten der nächsten Generation und der Mittelschicht.[31]

31 Näher zum hier vertretenen Standpunkt *Waltermann,* Abschied vom Normalarbeitsverhältnis? Gutachten B für den 68. DJT 2010, S. 112 ff.

2. Wenn man im System voranschreiten möchte, gehören Gestaltungen im Arbeitsrecht, die niedrige Erträge aus Arbeit begünstigen, auf den Prüfstand. Vor dem Hintergrund globaler Herausforderungen und der Alterung der Gesellschaft stellt eine Verbesserung der Ertragslage im Niedriglohnsektor Anforderungen über diesen Bereich hinaus. Dazu gehört, dass einfache Dienste, wenn man sie benötigt und nachfragt, eine geordnete Bezahlung finden. Das wird stets auf Leistungskraft und mit ihr verbundene Solidarität angewiesen bleiben. Man müsste erwirtschaften und erarbeiten, dass auch Leute sozusagen mitlaufen können.

3. Es geht nicht nur um volkswirtschaftliche und politische Fragen. Das zu bewältigende Problem hat auch eine rechtliche Seite und erfordert die normative Betrachtung und Bewertung. Dabei geht es auch um die Konzeption der Rechtsordnungen vor dem Hintergrund ihrer Wertmaßstäbe. Der Rechtsvergleich kann die zukunftsgerichtete Gestaltung des Arbeitsrechts dabei sehr fördern.

Tarifvertrag und Privatautonomie in Japan

Professor Hajime Wada, Universität Nagoya

Einleitung

Das System des Tarifvertrags stützt sich auf den Gedanken der Tarifautonomie und gilt als Instrument zur Verwirklichung der Privatautonomie der gewerkschaftlich organisierten Arbeitnehmer auf einer höheren Ebene. Im Folgenden soll diese Bedeutung des Tarifvertrags bezogen auf das Tarifvertragssystem in Japan erörtert werden.

Einleitend wird dabei auf einige Fakten eingegangen, die beim japanisch-deutschen Rechtsvergleich zugrunde gelegt werden.

1. Tarifverträge in Japan

Zunächst eine kurze Darstellung der aktuellen Situation der Tarifverträge in Japan:

Wie allgemein bekannt, sind die Gewerkschaften in Japan überwiegend in Form von Betriebsgewerkschaften organisiert. Demzufolge werden auch die Tarifverträge i.d.R. zwischen der Betriebsgewerkschaft und dem jeweiligen Arbeitgeber geschlossen. Diese Tarifverträge unterscheiden sich in zahlreichen Aspekten von den in Deutschland üblichen Flächentarifverträgen, die zwischen Industriegewerkschaften und Arbeitgeberverbänden ausgehandelt werden. In Japan waren die kollektiven Verhandlungen von Anfang an dezentralisiert.

Abgesehen von der All Japan Seamen's Union (*Kaiin oder JSU,* Gewerkschaft der Seeleute) und der National Federation of Construction Workers' Unions (*Zenkensoren*)[1], findet man in Japan kaum Tarifverhandlungen bzw. -verträge auf Industrieebene. In letzter Zeit haben lokale (local union) und allgemeine Gewerkschaften (*Godo- roso*) von sich reden gemacht, in denen betriebsübergreifend nicht regulär beschäftigte (atypische) Arbeitnehmer organisiert sind. Aber auch unter diesen Gewerkschaften finden sich nur wenige, die Tarifverträge abgeschlossen haben[2].

1 Berufsgewerkschaft der Schreiner, Gipser etc., die im Baugewerbe beschäftigt sind.

2 Im Allgemeinen konstituieren sich die lokalen und allgemeinen Gewerkschaften aus nicht-regulär beschäftigten Arbeitnehmern, die nicht Mitglied einer Betriebsgewerkschaft

Der Organisationsgrad der japanischen Gewerkschaften liegt bei etwas über 18%[3], der Deckungsgrad der Tarifverträge leicht darunter. Dies steht im Gegensatz zu anderen Ländern[4], in denen der Deckungsgrad i.d.R. weit über dem Organisationsgrad liegt und ist darauf zurückzuführen, dass in Japan ein erheblicher Anteil der Unternehmen keine Tarifverträge abgeschlossen hat, selbst wenn Betriebsgewerkschaften existieren. In § 18 des Gewerkschaftsgesetzes wurde in Anlehnung an das deutsche Recht das System der Ausweitung des Geltungsbereichs von Tarifverträgen zwar festgeschrieben, kam in der Vergangenheit jedoch nur selten zum Tragen[5].

Nur in ca. 10% der Betriebe findet man eine Gewerkschaft[6]. Von diesen haben wiederum ca. 90% Tarifverträge abgeschlossen[7]. In Betrieben ohne Tarifvertrag

---

werden können, da die Mitgliedschaft der Stammbelegschaft vorbehalten ist, sowie Arbeitnehmern, die in den KMU (kleinen und mittleren Unternehmungen) ohne Gewerkschaft arbeiten. Der Schwerpunkt der Aktivitäten dieser Gewerkschaften liegt dabei weniger auf der Gestaltung der Arbeitnehmer/Arbeitgeber- und der Arbeitsbeziehungen im Unternehmen als vielmehr auf der Lösung von individuellen (Arbeitsrechts-)Streitigkeiten einzelner Gewerkschaftsmitglieder. Typisch sind Fälle, in denen ein Arbeitnehmer sich nach seiner Entlassung an die Gewerkschaft wendet und danach Kollektivverhandlungen stattfinden, um den Konflikt mit dem betreffenden Unternehmen über die Gewerkschaft zu lösen. (*kakekomi uttae (Last-Minute Appell).*

3 Laut der „Basic Study on Labor Unions 2011" (Basisstudie zu den Gewerkschaften 2011) des Ministeriums für Arbeit, Gesundheit und Wohlfahrt liegt der Organsationsgrad in Japan insgesamt bei 18,5%, darin sind jedoch auch Staats- und Kommunalbeamte enthalten, denen das Recht auf Abschluss von Tarifverträgen versagt ist. Schließt man den öffentlichen Bereich aus, sinkt der Organisationsgrad im Privatsektor noch tiefer.

4 Laut der OECD Studie „Economic Policy Reforms 2011 Going for Growth" (Wirtschaftspolitische Reformen - Das Wachstum fördern, Ausgabe 2011) lag der Organisationsgrad deutscher Gewerkschaften 2008 bei 19,1%, der Deckungsgrad der Tarifverträge bei 62,5%, verglichen mit 18,2% bzw. 16,0% in Japan. In Frankreich lagen die entsprechenden Werte bei 7,7% bzw. 90%, in Dänemark bei 67,7% und 83%.

5 Mit diesem Thema befasst sich eine Studie von Keiichi Furukawa und Miki Kawaguchi *„Rodokyoyaku to chiikiteki kakuchoutekiyou" (Tarifverträge und Erweiterung ihres Anwendungsbereichs),* (Shinzansha Publisher Co., Ltd., 2011).

6 Bei Betrieben mit einer Mitarbeiterzahl von 1000 oder mehr liegt der Anteil der Unternehmen mit einer Gewerkschaft bei 70%, in Betrieben mit 10 bis 49 Mitarbeitern bei 4-5%, in Betrieben mit weniger als 9 Mitarbeitern bei nur 1%. (Bericht des Japan Institute for Labor Policy and Training (JILPT): *„Rodojoken kettei shisutemu no saikochiku ni kansuru kenkyu"* (Studie zur Neugestaltung der Systeme zur Festlegung der Arbeitsbedingungen, 2007)

7 Dies veranschaulichen die folgenden Daten etwas älteren Datums des Ministeriums für Arbeit, Gesundheit und Wohlfahrt: *„Heisei 18 nen Rodokyoyakuto jittai chosa"* (Studie zur Situation der Tarifverträge 2006).

kommt bei der Festlegung der Arbeitsbedingungen fast ausschließlich das Instrument der „Arbeitsordnung“ (*shugyokisoku*) zum Einsatz. Die Befugnis, eine Arbeitsordnung zu erstellen bzw. zu ändern, liegt dabei einseitig beim Arbeitgeber; die Arbeitnehmer erhalten nur die Gelegenheit, ihre Meinung zu den Entwürfen zu äußern (vgl. § 90 Arbeitsstandardgesetz).

2. Merkmale der Tarifverträge in Japan

Da in Japan die Gewerkschaften überwiegend betrieblich organsiert sind, weisen japanische Tarifverträge folgende Merkmale auf:

Erstens regeln die Tarifverträge in Japan im Allgemeinen Angelegenheiten, die die Beziehungen zwischen Gewerkschaft und Arbeitgeber betreffen, wie u.a. die Bereitstellung von Büros und Anschlagtafeln innerhalb des Betriebs für die Gewerkschaft, die Behandlung der Personen, die hauptamtlich für die Gewerkschaft tätig sind, aber gleichzeitig ihren Status als Arbeitnehmer beibehalten (Vollzeit-Gewerkschaftler) und die Verfahren sowie den Teilnehmerkreis der Kollektivverhandlungen einschließlich der Vorverhandlungen[8]. Diesen Regelungen wird jedoch keine normative, sondern nur eine obligatorische Wirkung zuerkannt.

Zweitens enthalten die Tarifverträge einige Regelungen, die den Gewerkschaften die Teilhabe an Angelegenheiten einräumen, welche die Entscheidungsrechte bzgl. Betriebsführungs- oder Personalfragen betreffen. Konkret handelt es sich dabei um Bestimmungen, die u.a. vorschreiben, dass das Unternehmen der Gewerkschaft Geschäfts- bzw. Managementprobleme kommuniziert und neben den Kollektivverhandlungen ein weiteres Forum für Konsulationen zwischen den Tarifpartnern einrichtet. Ferner müssen bei personellen Veränderungen, Disziplinarmaßnahmen, Kündigungen und anderen Personalfragen Gespräche mit der Gewerkschaft abgehalten bzw. deren Zustimmung eingeholt werden. Dadurch wird die Teilhabe der Gewerkschaften an Unternehmensentscheidungen gewährleistet.

Drittens haben viele Gewerkschaften „Check-off“-Abkommmen mit den Arbeitgebern geschlossen[9], auf deren Basis der Arbeitgeber die Gewerkschaftsbei-

8 80-90% der Tarifverträge enthalten solche Regelungen (*Rodokyoyakuto jittai chosa,* Survey on Collective Agreements Studie über Tarifverträge 2006).

9 Mehr als 90% der Gewerkschaften haben „Check-off“- Abkommen (automatische Einbehaltung und Abführung der Gewerkschaftsbeiträge) abgeschlossen und in 80% der

träge der Arbeitnehmer (Gewerkschaftsmitglieder) von deren Lohn bzw. Gehalt abzieht und der Gewerkschaft zuführt. Unter dem Gesichtspunkt der Unabhängigkeit der Gewerkschaften ist diese Art von Abkommen problematisch, da der Arbeitgeber Einblick in die finanzielle Situation der Gewerkschaft erhält. Dennoch sind diese Abkommen weitverbreitet[10], da sie den Gewerkschaften den Nutzen und die Garantie bieten, die Mitgliederbeiträge zu erhalten.

Viertens regeln Tarifverträge in Japan zwar die Arbeitsbedingungen, die die Betriebsbedingungen und die Personalpolitik des jeweiligen Unternehmens widerspiegeln, umgekehrt werden sie jedoch aus diesem Grund auch leichter anfällig gegenüber Betriebsegoismus. Das Resultat: Während in Deutschland durch Tarifverträge u.a. Arbeitszeitverkürzungen umgesetzt sowie Mindestlöhne festgelegt werden und Industrietarifverträge dazu beitragen, Beschäftigungsmaßnahmen auf regionaler bzw. landesweiter Ebene umzusetzen, ist diese Funktion bei Tarifverträgen in Japan kaum ausgeprägt.

Um diese Schwäche zu überwinden, wurde in den 1950er Jahren die sogenannte „Frühjahrsoffensive" entwickelt, eine Form der Lohnverhandlung auf betriebsübergreifender Ebene, die in den 1970er Jahren jedoch zunehmend an Inhalt ver-

---

Gewerkschaften, für die kein entsprechendes Abkommen existiert, wird „Check-off" angewendet.

10 In der Rechtsprechung wird der Mechanismus des „Check-off" so ausgelegt, dass er sich aus der Beauftragung des Arbeitgebers durch die Arbeitnehmer (Gewerkschaftsmitglieder) zur Zahlung der Gewerkschaftsbeiträge und die Beauftragung des Arbeitgebers durch die Gewerkschaft zum Einzug der Beiträge konstituiert, wobei eine klare Beauftragung des Arbeitgebers durch den Arbeitnehmer erforderlich ist (Fall Esso Petroleum, Urteil des JOGH vom 25.3.1993, *Rodohanrei* (Arbeitsrechtsprechung) Nr. 650, S.6, Fall Nestle Japan, JOGH Urteil vom 23.2.1995, *Saikosaibansho minjihanreishu* (Entscheidungen des OGH in Zivilsachen) Bd. 49 Nr.2, S. 291 etc.). Die überwiegende Lehrmeinung interpretiert jedoch das „Check-off"-Abkommen in Fällen, in denen es als Tarifvertrag geschlossen wurde, als Regelung der Art der Beitragszahlung und versteht dies als normative Wirkung der Tarifverträge (Takashi Araki „*Rodoho* (Arbeitsrecht), Yuhikaku Publishing Co., Ltd. 2009), S.489, ebenso Satoshi Nishitani „*Rodokumiaiho* (Gewerkschaftsgesetz), 2.Auflage), Yukihikaku Publishing Co., Ltd. 2006, S. 273, Sugeno Kazuo „*Rodoho* (Arbeitsrecht) 9. Auflage (Kokubundo Publishers Inc., 2011, S. 538). Die Rechtsprechung vertritt die Auffassung, dass es nicht angemessen wäre, wenn der Arbeitgeber der Forderung eines Gewerkschaftsmitglieds, das die Einstellung des automatischen Beitragseinzugs fordert, Folge leisten muss und sich dadurch das Problem der Kontrollverletzung ergibt. Allerdings überwiegt auch in der Lehrmeinung die Ansicht, dass in Fällen, in denen die Einstellung des „Check-off" gefordert und gleichzeitig der Austritt aus der Gewerkschaft gemeldet wird, der Arbeitgeber die Pflicht hat, der Forderung nachzukommen.

lor und seit den 1980er Jahren ihrem Ende zugeht[11]. In jüngerer Zeit wird auch in den Medien kaum noch über die Frühjahrsoffensiven berichtet. In diesem Sinne ist die Dezentralisierung der kollektiven Verhandlungen weiter fortgeschritten.

3. Überblick über die rechtliche Regelungen im Zusammenhang mit Tarifverträgen

Kapitel 3 des Gewerkschaftsgesetzes enthält fünf Paragraphen zu Tarifverträgen. Im Vergleich zu Deutschland ist die Zahl der Paragraphen gering. Dies bedeutet umgekehrt, dass viele Rechtsstreitigkeiten im Zusammenhang mit Tarifverträgen dem Richterrecht überlassen sind.

§ 14 (des Kapitels) legt fest, dass ein Tarifvertrag schriftlich vorliegen und mit einer Signatur oder den Siegeln der Vertragsparteien versehen sein muss, um seine Wirkung zu entfalten. Unter der „Wirkung" wird im Allgemeinen die in § 16 desselben Gesetzes beschriebene normative Wirkung verstanden[12]. Die obligatorische Wirkung, die sich aus der Tatsache ergibt, dass es sich bei dem Tarifvertrag um einen Vertrag handelt, findet in diesem Paragraphen keine Anwendung.

Laut § 15 beträgt die Laufzeit eines Tarifvertrags maximal drei Jahre, falls eine Geltungsdauer festgelegt wurde. Wurde keine Laufzeit vereinbart, können die Vertragsparteien den Tarifvertrag mit einer neunzigtägigen Frist kündigen.

§ 16 regelt die normative Wirkung. "Teile eines Arbeitsvertrages, die gegen die im Tarifvertrag festgelegten Arbeitsbedingungen und/oder andere Standards hinsichtlich der Behandlung von Arbeitnehmern verstoßen, sind nichtig. In einem solchen Fall werden die nichtig gewordenen Teile des Vertrages durch die Standards geregelt. Dies gilt ebenso für Vertragsteile, die nicht durch den Arbeitsvertrag geregelt sind." Im Zusammenhang mit der normativen Wirkung dieses Paragraphen gibt es Diskussionen über die Grenzen des Günstigkeitsprinzips und der Tarifautonomie, auf die an späterer Stelle noch eingegangen wird.

---

11 Das Werk „*Shunto no shuen*" (Das Ende der Frühjahrsoffensive (Chuokeizai-sha Inc., 1975) von Kaoru Ota, einem der Väter der Frühjahrsoffensive, beschreibt den Niedergang der Frühjahrsoffensive.

12 Fall der Autoschule Tonan, Urteil des JOGH vom 13.3.2001, *Saikosaibansho minjihanreishu* (Entscheidungen des OGH in Zivilsachen), Bd. 55 Nr. 2, S. 395.

§ 17 beschreibt ein typisch japanisches System und definiert die Ausweitung des Geltungsbereichs innerhalb des Betriebs. "Wenn ¾ oder mehr der Arbeitnehmer derselben Kategorie, die in einem Werk ständig beschäftigt sind, unter den Geltungsbereich eines bestimmten Tarifvertrags fallen, soll der betreffende Tarifvertrag auch für die anderen Arbeitnehmer derselben Kategorie gelten, die in dem betreffenden Werk beschäftigt sind."

§ 18 regelt die regionale Allgemeinverbindlichkeit. „Wenn die Mehrheit der in einer Region beschäftigten Arbeitnehmer derselben Kategorie unter den Geltungsbereich eines bestimmten Tarifvertrags fallen, kann der Minister für Gesundheit, Wohlfahrt und Arbeit oder der Präfekturgouverneur auf Antrag einer oder beider Vertragspartei(en) des betreffenden Tarifvertrags und gemäß einem Beschluss einer Arbeitskommission (Labor Relations Commission) entscheiden, dass der betreffende Tarifvertrag (...) auch für Arbeitnehmer derselben Kategorie gilt, die in der betreffenden Region beschäftigt sind."

Bei der Einführung dieses Systems stand § 5 des deutschen Tarifvertragsgesetzes Modell.

4. Das Günstigkeitsprinzip

Die Diskussion um das Günstigkeitsprinzip entstand vor folgendem Hintergrund[13]:

Das japanische Recht kennt keine Regelung, die das Günstigkeitsprinzip klar befürwortet, wie es beispielsweise in § 4 Abs. 3 des deutschen Tarifvertragsgesetzes (TVG) der Fall ist. Die Formulierung in § 16 des Gewerkschaftsgesetzes „gegen die im Tarifvertrag festgelegten (...) Standards verstoßen" wird von den Gegnern des Günstigkeitsprinzips so interpretiert, dass sich dies nicht nur auf Fälle bezieht, in denen diese Standards nicht erreicht werden, sondern auch auf Fälle, in denen sie überschritten werden. Die Vertreter dieser Theorie bestehen darauf, dass die Formulierung in beide Richtungen eine normative Wirkung entfaltet. Demgegenüber verstehen die Befürworter des Prinzips die Formulierung „gegen die (...) Standards verstoßen" als „Nicht-Erreichen" und beharren auf einer einseitigen normativen Wirkung. Der Wortlaut des Paragraphen lässt beide Erklärungen zu.

Ferner legen Tarifverträge in Japan zwar Tariftabellen (Tarife, Vergütungsgruppen) fest, die in der Regel ein Berufsqualifikationssystem voraussetzen. Jedoch

---

13 Genauere Informationen bei Nishitani, op.cit. (Fußnote Nr. 10), S. 346ff.

zeigt dies auf sehr typische Weise, dass die Arbeitsbedingungen auf die jeweilige Situation des betreffenden Betriebs Rücksicht nehmen, d.h. keine Mindeststandards, sondern durchschnittliche Standards definieren. Hier knüpft die Argumentation der Gegner des Günstigkeitsprinzips an. Ein Fall, in dem ein Arbeitgeber bestimmten Arbeitnehmern günstigere Bedingungen einräumt, wird von den Gegnern des Günstigkeitsprinzips als Einmischung in Gewerkschaftsangelegenheiten und damit als eine unfaire Arbeitspraktik ausgelegt (§ 7 Nr. 3 Gewerkschaftsgesetz).

Demgegenüber argumentieren die Befürworter des Günstigkeitsprinzips, dass Tarifverträge dem Erhalt und der Verbesserung der Arbeitsbedingungen dienen und es toleriert werden sollte, wenn der Arbeitnehmer übertariflich günstige Arbeitsbedingungen erlangt. Die überwiegende Meinung geht dahin, das Günstigkeitsprinzip aus folgenden Gründen zu befürworten: Der Tarifvertrag sei ein System, das in Situationen, in denen individuelle Vertragsverhandlungen inhaltslos geworden sind, diese mit neuem Leben und Inhalt füllt. Bis zu dem Zeitpunkt, an dem die Vertragsfreiheit realisiert und individuelle Verhandlungen tatsächlich durchgeführt werden, solle daher die Funktion der Vertragsfreiheit und der individuellen Verhandlungen nicht untergraben werden. Auch in Fällen, in denen günstige Konditionen mit bestimmten Tätigkeitsinhalten oder besonderen Fähigkeiten rational begründet werden können, solle die Wirkung dieser günstigen Bedingungen nicht verneint werden[14].

In den letzen Jahren hat eine Diversifizierung der Beschäftigungsformen und Arbeitszeitsysteme stattgefunden, die zahlreiche Fälle hervorgebracht hat, die sich nicht mit den Bestimmungen für kollektive und einheitliche Arbeitsbedingungen in Einklang bringen lassen. Die zunehmende Tendenz hin zu einer Individualisierung der Arbeitsbedingungen stützt die Theorie der Befürworter des Günstigkeitsprinzips.

Die überwiegende Lehrmeinung lehnt das Günstigkeitsprinzip ab, erkennt aber Ausnahmen an, wenn der Tarifvertrag Regelungen enthält, die das Günstigkeitsprinizp explizit anerkennen.[15] Bisher gab es jedoch noch keine Fälle in der Rechtsprechung, in denen das Günstigkeitsprinzip zum Tragen kam[16], was darauf schließen lässt, dass es in der Praxis regelmäßig abgelehnt wird.

---

14 Nishitani (Fußnote 10), op.cit. S. 348ff.

15 Sugeno (s.Fußnote Nr.10), op.cit. S. 598, Araki (s.Fußnote Nr.10), op.cit. S. 514ff.

16 In Deutschland kennt man den berühmten Burda-Beschluss des Bundesarbeitsgerichts (BAG, Beschluss vom 20.4.1999, AP Nr.89 zu Art. 9 GG). Vgl. Bernd Waas (Übersetzt von: Yumiko Kuwamura) „*Doitsu ni okeru roshikankei no bunkenka to rodokumiai*

Meines Erachtens sollte das Günstigkeitsprinzip abgelehnt werden, solange günstige Vereinbarungen nicht ausdrücklich toleriert werden, da 1.) die Tarifverträge insgesamt dazu beitragen, eine individuelle Vertragsfreiheit auf höhere Ebene zu verwirklichen, 2.) es nicht angemessen ist, einen Teil der Tarifvertragskonditionen herauszugreifen und anhand dieser darüber zu befinden, ob eine Begünstigung bzw. Benachteiligung vorliegt und 3.) anzunehmen ist, dass eine einfache Anerkennung des Günstigkeitsprinzips die Regulierungskraft der Gewerkschaften hinsichtlich der Arbeitsbedingungen schwächen wird.

5. Die Tarifautonomie und ihre Grenzen

Die Tarifautonomie hat zwei Bedeutungen:

Sie wird einerseits in derselben Bedeutung wie die Vertrags- oder die Privatautonomie verwendet: Angelegenheiten, die die (Tarif-)Parteien betreffen, sollen möglichst auch von diesen entschieden und einmal beschlossene Vereinbarungen von den Parteien soweit wie möglich eingehalten werden. Dies gilt für Tarifverträge insgesamt sowie für die Durchführungspflicht, insbesondere jedoch für Angelegenheiten, die die Beziehungen zwischen Gewerkschaft und Arbeitgeber betreffen. Hier stellt sich nicht die Frage nach der normativen Wirkung, sondern es geht ausschließlich um die obligatorische Wirkung, wie bei gewöhnlichen Verträgen. Es ist wünschenswert, dass Probleme zwischen Gewerkschaften und Arbeitgebern durch Einigung von den betroffenen Parteien beigelegt werden.

Die eigentliche Bedeutung der Tarifautonomie liegt aber in der normativen Wirkung. Die normative Wirkung der Tarifverträge regelt die tarifvertraglichen Rechte und Pflichten des einzelnen Arbeitnehmers und des Arbeitgebers direkt, unabhängig vom Willen oder den Wünschen des einzelnen Arbeitnehmers. „Direkt" bedeutet hierbei im Unterschied zu Verträgen zugunsten Dritter, dass es keiner Willensäußerung des Begünstigten (Dritten) bedarf. D.h. in gewissem Sinne wird die Einmischung der Gewerkschaft in die Privatautonomie des einzelnen Arbeitnehmers (Gewerkschaftsmitglieds) geduldet. Diese Einmischung wird toleriert, weil man annimmt, dass die Vertragsfreiheit der Arbeitnehmer als wirtschaftlich und gesellschaftlich Schwache durch den Beitritt in die Gewerkschaft und dank der Tarifverträge auf einer höheren Ebene verwirklicht wird.

---

oyobii jugyoindaihyo no yakuwari (Die Dezentralsierung der Arbeitsbeziehungen sowie die Rolle von Gewerkschaft und Betriebsrat), Nihon Rodo Kenkyu Zasshi Nr. 555 (2006), S. 22ff.

Artikel 28 der japanischen Verfassung stützt sich auf diese Denkweise/Philosophie und garantiert das Koalitionsrecht, das Recht auf Kollektivverhandlungen sowie das Recht auf kollektives Handeln (Streikrecht).

Die Ablehnung des Günstigkeitsprinzips ist ein Beweis für die Stärke der Tarifautonomie. Allerdings sind auch einer starken Tarifautonomie Grenzen gesetzt:

Es versteht sich von selbst, dass Regelungen, die zwingenden rechtlichen Bestimmungen zuwiderlaufen, nichtig sind. Das japanische Arbeitsrecht kennt kein tarifdispositives Recht wie beispielsweise § 13 des Bundesurlaubsgesetzes. Dennoch finden sich in insgesamt 15 Paragraphen – hauptsächlich im Arbeitsstandardgesetz (AStG) – Regelungen, die Abweichungen von zwingenden Rechtsvorschriften oder der Mindeststandard in betrieblichen Vereinbarungen[17] dulden. Dazu gehören u.a. Regelungen, die Ausnahmen von der Zahlung des Gesamtlohnes (§ 24 AStG), oder von einheitlichen Pausenzeiten (§ 34 Abs. 2 AStG) definieren oder Überstunden (§ 36 AStG) tolerieren. Diese Passagen können als dispositives Recht zur betrieblichen Vereinbarung bezeichnet werden. Hierin liegt ein großes gesetzgeberisches Problem, da es viele dieser Regelungen gibt und nicht nur der Gewerkschaft sondern auch einfachen Mehrheitsvertretern das Recht eingeräumt wird, entsprechende Vereinbarungen abzuschließen[18].

Zweitens ist es nicht möglich, Arbeitsbedingungen mit vollständig individuellem Charakter festzulegen, indem z.B. die Verfügung bereits konkret entstande-

17 Betriebliche Vereinbarungen werden entweder zwischen dem Arbeitgeber und der Gewerkschaft getroffen, wenn im Betrieb die Mehrheit der Arbeitnehmer in der Gewerkschaft organisiert sind, oder – falls keine solche Gewerkschaft existiert – zwischen dem Arbeitgeber und einem Vertreter der Arbeitnehmer, der die Mehrheit der Arbeitnehmer repräsentiert. Es wird nur gefordert, dass der Mehrheitsvertreter keine leitende Position bekleidet und dass die Wahl nach demokratischen Verfahren (Abstimmung oder per Handheben etc.) erfolgt (Durchführungsbestimmungen zum AstG §6.2). Unter dem Aspekt der Befugnisse des Mehrheitsvertreters erscheint dieses System im Vergleich zum deutschen Institut des Betriebsrats, das im Betriebsverfassungsgesetz den Aufbau, die Befugnisse etc. bis ins Detail festlegt, völlig unzulänglich.

18 Der Gesetzgeber des 1947 erlassenen Arbeitsstandardgesetzes ging optimistischerweise davon aus, dass sich in Japan nach dem Zweiten Weltkrieg in den meisten Unternehmen Gewerkschaften herausbilden würden, in denen sich die Mehrheit der Arbeitnehmer organisieren würde. Der Mehrheitsvertreter als Abschlusspartner von betrieblichen Vereinbarungen war nur ein praktisches Mittel, um Ausnahmefälle abdecken zu können. In der Realität hat sich die Situation jedoch anders entwickelt. Daher gilt es nun, das System der Interessensvertretung der Arbeitnehmer im Unternehmen bzw. im Betrieb umzugestalten, um der heutigen Situation gerecht zu werden.

ner Lohnforderungen einzelner Arbeitnehmer[19] vereinbart oder ein individuelles Frührentenalter festlegt wird. Allerdings ist umstritten, welche Arbeitsbedingungen individuellen Charakter haben. So findet man in Tarifverträgen mitunter Regelungen wie die folgende: „In Fällen, in denen der Arbeitgeber es aus betrieblichen Gründen für erforderlich ansieht, kann er Überstunden für die Arbeitnehmer (Gewerkschaftsmitglieder) anordnen, und die Arbeitnehmer (Gewerkschaftsmitglieder) können diese Anordnung ohne berechtigten Grund nicht ablehnen." Diejenigen, die Kollektivverhandlungen und Tarifverträge vorwiegend unter dem Aspekt des „Gebens und Nehmens" sehen, erkennen die normative Wirkung dieser Regelung an, während diejenigen, die der Selbstbestimmung bei der Gestaltung des Privatlebens großen Wert beimessen, der normative Wirkung dieser Regelung ablehnend gegenüberstehen. Ich persönlich schließe mich der zweiten Position an.

Drittens werden Arbeitsbedingungen, die Einzelne bzw. eine bestimmte Gruppe von Arbeitnehmern (ältere oder nicht-regulär Beschäftigte etc.) benachteiligen, als Verstoß gegen die Pflicht der gerechten Vertretung der Gewerkschaften und somit als nichtig erachtet, solange keine Ermächtigung oder Unterstützung durch die betreffenden Arbeitnehmer vorliegt[20].

Die Diskussion um die Grenzen der Tarifautonomie ist vor dem Hintergrund zu sehen, dass die Gewerkschaften in einer erheblichen Zahl von Fällen de facto negativ auf die Selbstbestimmung bzw. Vertragsfreiheit der Arbeitnehmer (Gewerkschaftsmitglieder) eingewirkt haben. Bürokratische und undemokratische Praktiken bei Gewerkschaften können solche Situationen hervorbringen[21]. Gerade darin zeigt sich die Komplexität: Alleine mit der simplen Denkweise, die Tarifautonomie verwirkliche die Privatautonomie des einzelnen Arbeitnehmers auf höherer Ebene, lassen sich die Probleme nicht lösen.

---

19 Fall Hongkong Shanghai Bank, Urteil des JOGH vom 7.9.1989, Rodohanrei (Arbeitsrechtsprechung) Nr. 546, S. 6

20 Sugeno (Fußnote Nr. 10)S. 599f.

21 Die Gewerkschaft eines bestimmten Automobilunternehmens hat sich beispielsweise unkooperativ bei Anträgen von Hinterbliebenen auf Entschädigung aus der Unfallversicherung und Schadensersatzforderungen verhalten. Es ging dabei um Fälle, in denen Arbeitnehmer, die während ihrer Tätigkeit als Gewerkschaftsfunktionäre an Überarbeitung gestorben oder Selbstmord aufgrund von Überarbeitung begangen hatten.

6. Nachteilige Veränderungen (reformatio in peius) von Tarifverträgen

Im Zusammenhang mit den Grenzen der Tarifautonomie stellt sich die wichtige Frage, ob Tarifverträge, die zum Nachteil der Arbeitnehmer geändert wurden, normative Wirkung entfalten. Die folgenden Rechtsprinzipien haben sich in der Rechtsprechung herausgebildet[22]:

Nach dem Prinzip der Tarifautonomie werden auch nachteilige Änderungen in der Regel als rational anerkannt und ihre normative Wirkung befürwortet, da sie als Ergebnis der Verhandlungen zwischen Gewerkschaften und Arbeitgebern betrachtet werden, die dem Prinzip des „Gebens und Nehmens" folgen. Verschlechterungen werden jedoch nichtig und eine normative Wirkung wird abgelehnt, wenn 1.) die Entscheidungsverfahren innerhalb der Gewerkschaften gegen die Gewerkschaftssatzung verstoßen, 2.) die Verfahren, die den Willen der Gewerkschaftsmitglieder widerspiegeln sollen, nicht angemessen eingehalten wurden, obwohl das Ausmaß der benachteiligenden Veränderung groß war, oder 3.) wenn die Verschlechterungen nur einen Teil der Mitarbeiter betreffen, der Wille dieser Personen jedoch nicht ausreichend berücksichtigt wurde. Allgemeinhin erfolgt die Beurteilung umfassend unter Berücksichtigung diverser Aspekte, so u.a. der Ausgangssituation, die zu der benachteiligenden Veränderung führte, das Ausmaßes der Benachteiligung, des Verlaufs der kollektiven Verhandlungen und der gewerkschaftsinternen Entscheidungsfindungsprozesse.

Prinzipiell wird die normative Wirkung von Tarifverträgen, die zum Nachteil der Arbeitnehmer verändert wurden, unter Berufung auf § 17 des Gewerkschaftsgesetzes so ausgelegt, dass sie sich auch auf Nicht-Gewerk-

---

22 Z.B. der Fall der Asahi Fire & Marine Insurance, Urteil des JOGH vom 27.3.1997, *Rodohanrei* (Arbeitsrechtsprechung) Nr. 713, S. 27: In diesem Fall ging es um eine Geschäftsübernahme. Das übernehmende Unternehmen hatte das Rentenalter der übernommen Arbeitnehmer auf das im übernehmenden Unternehmen übliche Niveau gesenkt, das acht Jahre unter dem des ursprünglichen Arbeitgebers lag. Gleichzeitig wurde der Regelsatz für die Zahlung der Abfindung bei Ausscheiden aus dem Unternehmen von 71,0 auf 51,0 reduziert. Das Gericht maß dem Hergang der Verschlechterung großes Gewicht bei und befand die nachteilige Änderung für gültig. Der Fall Nakane Seisakusho: Urteil des OG Tokyo vom 26.7.2000, *Rodohanrei* (Arbeitsrechtsprechung) Nr. 789, S. 6: Bei dieser Sache war das Grundgehalt der älteren Arbeitnehmer (53 Jahre und älter) um 23% gesenkt worden. Die nachteilige Änderung wurde für nichtig erklärt, da das Anhörungsverfahren nicht in ausreichendem Maße durchgeführt worden war. Der Fall Tomotetsudou Co., Ltd.: Urteil des OG Hiroshima vom 15.4.2004, *Rodohanrei* (Arbeitsrechtsprechung) Nr. 879, S. 82: Das Unternehmen hatte den Grundlohn von Arbeitnehmern (56 Jahre und älter), die der Aufforderung des Arbeitgebers, freiwillig in den Frühruhestand zu gehen, nicht gefolgt waren, um 30% gesenkt. Das Gericht erklärte die Herabsetzung des Grundlohnes für nichtig, nicht nur aufgrund von Mängeln im Verfahren, sondern auch wegen des Ausmaßes der Verschlechterung.

schaftsmitglieder erstreckt, die keiner Gewerkschaft angehören. In Fällen jedoch, in denen die Ausweitung des Geltungsbereichs auf Nicht-Gewerkschaftsmitglieder auffallend irrational ist, z.B. wenn die Mitgliedsqualifikation eines Nicht-Gewerkschaftsmitglieds nicht anerkannt wird, oder die nachteilige Änderung der Tarifverträge insbesondere für Nicht-Gewerkschaftsmitglieder große Nachteile mit sich bringt, wird angenommen, dass die normative Wirkung sich nicht so weit erstreckt[23].

7. Tarifautonomie und Privatautonomie

Das Thema „Tarifautonomie und Privatautonomie" ließe sich auch umformulieren in „Beziehungen zwischen dem Kollektiv und dem Einzelnen" oder „Wozu gibt es Gewerkschaften?". Als Grundprinzip könnte man formulieren, dass das Arbeitsrecht, gestützt auf die in Artikel 28 der Verfassung garantierten Arbeitnehmergrundrechte, dem wirtschaftlich und gesellschaftlich schwachen einzelnen Arbeitnehmer die Möglichkeit bietet, sich durch die Ausübung des Versammlungsrechts eine faktische Gleichberechtigung mit dem Arbeitgeber zu sichern, und daher kein Konfrontationsverhältnis zwischen Kollektiv und dem Individuum mehr vorliegt. Allerdings zeigen die zahlreichen Fälle in der Rechtsprechung, die sich mit den Grenzen der Tarifautonomie befassen, dass diese Grundsatztheorie nicht immer gilt.

Die hohe Zahl der Gerichtsfälle veranschaulicht die vormundschaftliche Einmischung der Justiz in die Tarifautonomie. Dies liegt daran, dass Artikel 28 der Verfassung und das Gewerkschaftsgesetz die Gewerkschaften nicht einfach als freiwilliges Kollektiv behandeln, sondern ihnen besondere rechtliche Befugnisse einräumen und sie in diesem Sinne als „Kollektiv mit einer großen gesellschaftlichen Verantwortung" oder als „quasi-öffentliche Organisation/Vereinigung" begreifen.

Abschließend bleibt im Zusammenhang mit der Beziehung von Tarifautonomie und Privatautonomie nach wie vor die Frage offen, weshalb sich in Japan de facto 80% oder mehr der Arbeitnehmer von den Gewerkschaften distanziert haben (Gewerkschafts-Apathie) – eine Tendenz, die insbesondere bei jüngeren Altersgruppen stark ausgeprägt ist. Dies ist ein sehr aktuelles Thema, das nicht nur die Arbeitsrechtswissenschaft, sondern auch die Soziologie und Politologie berührt.

---

23 Fall Asahi Fire & Marine Insurance, Urteil des JOGH vom 26.3.1996, *Saikosaibansho minjihanreishu* (Entscheidungen des OGH in Zivilsachen) Bd. 50 Nr.4, S. 1008).

Kollektives Arbeitsrecht in Deutschland

Professor Dr. Rolf Wank, Ruhr-Universität Bochum

Das Globalthema unserer Tagung lautet: " Das Verhältnis von Arbeitsrecht und Zivilrecht". Bei meinem speziellen Thema geht es daher um die Frage, wie sich das kollektive Arbeitsrecht in Deutschland zum Zivilrecht verhält.

Vorab muss man feststellen, dass es auch innerhalb des Zivilrechts einen Bereich des Individualrechts und einen Bereich des kollektiven Rechts gibt. Dieser zweite Bereich ist das Gesellschaftsrecht, umfassender: das Verbänderecht. Man könnte also kollektives Arbeitsrecht als einen Unterfall des Verbänderechts ansehen. Aber schon der Blick ins Grundgesetz (GG) macht den Unterschied deutlich: Vereine und Verbände im Allgemeinen können sich auf das Grundrecht aus Art. 9 Abs. 1 GG stützen, Arbeitgeberverbände und Gewerkschaften dagegen, die sog. Koalitionen, auf Art. 9 Abs. 3 GG. Während Verbände im Allgemeinen den Schranken aus Art. 9 Abs. 2 GG unterliegen, gelten für Koalitionen nur die sog. immanenten Grundrechtsschranken[1] Der Staat hat sich aus Einflussnahme und Kontrolle in diesem Bereich weitgehend zurückgenommen. Grob gesagt lässt sich feststellen: Es gibt weitgehende Überschneidungen mit dem allgemeinen Verbänderecht, aber auch eine Reihe von Besonderheiten des kollektiven Arbeitsrechts.

Das kollektive Arbeitsrecht in Deutschland unterscheidet sich vom kollektiven Arbeitsrecht in Japan vor allem in einem Punkt: Während die Interessenvertretung der Arbeitnehmer in Japan ganz überwiegend durch die Gewerkschaften erfolgt,[2] stützt sich das kollektive Arbeitsrecht in Deutschland auf zwei Säulen, auf die Interessenvertretung im Betrieb durch Betriebsräte und auf die – in der Regel überbetriebliche – durch die Gewerkschaften. Hinzu kommt die Unternehmensmitbestimmung als deutsche Besonderheit. Aus dem Zusammenspiel dieser Faktoren ergeben sich auch besondere Schwierigkeiten.

Bei der folgenden Darstellung sollen die Besonderheiten des kollektiven Arbeitsrechts gegenüber dem allgemeinen Zivilrecht, ferner die Besonderheiten

1 *Jarass/Pieroth,* Grundgesetz, Kommentar, 11. Aufl. 2011, Art. 9 GG Rn. 49 f. („kollidierendes Verfassungsrecht").

2 *Araki*, Labor and Employment Law in Japan, 2002, S. 55 ff., 164 ff., 175; *Nishitani*, Vergleichende Einführung in das japanische Arbeitsrecht, 2003, S. 22, 43; *Wank*, RdA 2005, 271, 279 f.

herausgestellt werden, die aus japanischer Sicht für das Verständnis des kollektiven Arbeitsrechts in Deutschland wichtig sind, und schließlich sollen aktuelle Probleme des deutschen Rechts aufgezeigt werden.

I. Interessenvertretung der Arbeitnehmer durch Gewerkschaften

Wenn man im allgemeinen Zivilrecht nach der vertraglichen Regelung eines Rechtsverhältnisses fragt, dann ergibt sie sich regelmäßig aus einem Individualvertrag, der eventuell durch allgemeine Geschäftsbedingungen ergänzt wird. Für das Arbeitsrecht würde das bedeuten, dass man die Regelung der jeweiligen Arbeitsbedingungen dem Arbeitsvertrag entnehmen kann. Diese Überlegung täuscht. Damit ein Arbeitsvertrag zustande kommt, braucht man so gut wie nichts zu regeln; nur die Parteien, die Arbeitsaufgabe und das Entgelt: Alles andere ergibt sich aus dem Gesetz [3]– wobei ganz erheblich mehr gesetzlich geregelt ist als bei anderen Schuldverhältnissen - , aus Richterrecht, aus Tarifverträgen und aus Betriebsvereinbarungen.

1. Die Tarifbindung

Die Arbeitsbedingungen richten sich in Deutschland überwiegend nach Tarifverträgen. Diese können auf zweierlei Weise auf das Arbeitsverhältnis einwirken, entweder normativ oder durch schuldrechtliche Bezugnahme.

a) Die *normative Bindung* ist in § 4 Tarifvertragsgesetz geregelt. Sie bedeutet, dass Tarifverträge unmittelbar und zwingend in den Arbeitsverhältnissen gelten. Unmittelbar heißt, es bedarf keines vermittelnden Rechtsaktes, sie bedürfen keiner nachträglichen Umsetzung.[4] Zwingend heißt, vom Inhalt des Tarifvertrages darf der Arbeitsvertrag nicht abweichen; abweichende Vertragsklauseln sind nichtig.[5] Die zwingende Wirkung (eines Vertrages für einen anderen Vertrag) ist eine Besonderheit des kollektiven Arbeitsrechts, ohne Entsprechung im allgemeinen Zivilrecht.

Eine zwingende Wirkung sieht auch § 16 des japanischen Gewerkschaftsgesetzes für Tarifverträge vor.[6]

---

3 Zu den Rechtsquellen im Arbeitsrecht s. *Preis*, Individualarbeitsrecht, 3. Aufl. 2009, §§ 13 ff.; *Richardi* in Münchener Handbuch zum Arbeitsrecht, Bd. 1, 3. Aufl. 2009, §§ 5 ff.

4 *Wank*, in Wiedemann, TVG, 7. Aufl. 2007, § 4 TVG Rn. 300 ff.

5 Wiedemann/*Wank*, § 4 TVG Rn. 369 ff.

6 *Araki*, Labor Law, S. 175; *Nishitani*, Einführung, S. 130.

Diese normative Bindung gilt allerdings nur bei beiderseitiger Tarifbindung, § 3 TVG. Der Arbeitnehmer muss Mitglied der zuständigen Gewerkschaft sein, der Arbeitgeber Mitglied des zuständigen Arbeitgeberverbandes. Diese Voraussetzung ist meist nicht gegeben. Arbeitnehmer sind in Deutschland – im langfristigen Durchschnitt – nur zu 30 % organisiert, wobei es je nach Branche oder nach Tätigkeit (z.B. Vollzeit- oder Teilzeitbeschäftigte[7]) ganz erhebliche Unterschiede gibt. Ebenso wie der Organisationsgrad der Arbeitnehmer geht auch der der Arbeitgeber in den letzten Jahren ständig zurück. Das ist insbes. in den neuen Bundesländern der Fall, in denen Arbeitgeber durch an den Westen angeglichene Tariflöhne häufig überfordert sind. Im Übrigen machen viele Arbeitgeber von der Möglichkeit einer OT-Mitgliedschaft[8] Gebrauch; d.h. sie sind zwar Mitglied eines Arbeitgeberverbandes, dieser fungiert aber nur als Servicegesellschaft. Die OT-Mitglieder haben weder ein Recht zur Beratung von Tarifangelegenheiten noch sind sie an Tarifverträge gebunden.

b) Während sonach die normative Tarifbindung nur eine Minderheit der Arbeitsverhältnisse erfasst, unterliegen de facto die meisten Arbeitsverhältnisse dennoch dem Tarifrecht. Das geschieht durch sog. *Bezugnahmeklauseln*.[9] Arbeitsverträge enthalten regelmäßig die Klausel, dass der einschlägige Tarifvertrag auf das Arbeitsverhältnis anwendbar ist. Im allgemeinen Zivilrecht findet sich etwas Vergleichbares in der Einbeziehungsvereinbarung in Bezug auf allgemeine Geschäftsbedingungen.[10] Besteht auf beiden Seiten Tarifgebundenheit, ist die Klausel überflüssig, aber auch unschädlich. Fehlt es bei einer Partei oder bei beiden Parteien an der Tarifgebundenheit, wird durch diese Klausel der Tarifvertrag Bestandteil des Arbeitsvertrages – allerdings ohne die normative Wirkung nach § 4 TVG, sondern wie jede andere Regelung im Arbeitsvertrag auch.[11] Es ist so als würde der Arbeitgeber den Text des Tarifvertrages abschreiben und in den Arbeitsvertrag einsetzen. Theoretisch besteht zwischen der normativen Wirkung und der schuldrechtlichen Wirkung durch Bezugnahme ein Unterschied; in der Praxis ist er aber nicht so gravierend.

Theoretisch braucht der Arbeitgeber eine derartige Bezugnahmeklausel nicht zu vereinbaren. Er könnte Gewerkschaftsmitglieder nach dem einen Lohnsystem

---

7 S. entsprechend für Japan betr. atypisch Beschäftigte *Masahiko Daimon*, Die Gewerkschaften in Japan, Friedrich-Ebert-Stiftung, 2012.

8 *Löwisch/Rieble*, TVG, 3. Aufl. 2012, § 3 TVG Rn. 47 ff.

9 *Löwisch/Rieble*, § 3 TVG Rn. 445 ff.; *Reufels*, in Thüsing/Braun, Tarifrecht, 2011, 8. Kapitel; Wiedemann-*Oetker*, § 3 TVG Rn. 260 ff.

10 Palandt-*Grüneberg*, 69. Aufl. 2010, § 305 BGB Rn. 25.

11 Däubler/Bonin/*Deinert,* AGB-Kontrolle im Arbeitsrecht, 3. Aufl. 2010, § 305 BGB Rn. 42 ff.

bezahlen und Nicht-Gewerkschaftsmitglieder nach einem anderen Lohnsystem, durchaus mit niedrigeren Löhnen. Das würde nicht gegen den Gleichheitssatz verstoßen. Für die Bezugnahme haben die Arbeitgeber mehrere Gründe. Hauptgrund ist der, dass sie im Unternehmen einheitliche Arbeitsbedingungen wünschen. Des Weiteren brauchen sie sich auf diese Weise nicht nach der Gewerkschaftsmitgliedschaft zu erkundigen – die Frage ist vor Abschluss des Arbeitsvertrages unzulässig, sondern sie wird erst nach Abschluss des Arbeitsvertrages zulässig.[12] Schließlich verhindern Arbeitgeber auf diese Weise, dass sie Arbeitnehmer in die Gewerkschaften treiben – würden sie nämlich einen niedrigeren als den Tariflohn zahlen, brauchten die Arbeitnehmer nur der Gewerkschaft beizutreten, um augenblicklich einen Anspruch auf den höheren Lohn zu haben.

Für die Gewerkschaften bedeutet diese Bezugnahme, dass ein Beitritt zur Gewerkschaft wenig attraktiv ist: Arbeitnehmer erhalten die Leistungen aus dem Tarifvertrag auch ohne dass sie Mitglied der Gewerkschaft sind. Die Gewerkschaften können Mitglieder dadurch werben, dass nur Gewerkschaftsmitglieder eine Streikentlohnung von der Gewerkschaft bekommen und dass sie Beratung und Rechtsschutz zur Verfügung stellen. Was den Lohn angeht, versuchen die Gewerkschaften gegen die Trittbrettfahrermentalität mit Hilfe von Differenzierungsklauseln vorzugehen.[13] Die entsprechenden Tarifverträge sehen vor, dass Gewerkschaftsmitglieder für dieselbe Arbeit mehr bekommen müssen als Nicht-Gewerkschaftsmitglieder. Während das BAG derartige Klauseln früher generell für unzulässig gehalten hat,[14] lässt es inzwischen sog. einfache Differenzierungsklauseln zu.[15] Um einen unzulässig hohen Druck zu verhindern und damit einen Eingriff in die sog. negative Koalitionsfreiheit – also die Freiheit, einer Gewerkschaft fernzubleiben -, muss der Lohnunterschied maßvoll sein.

Für Arbeitgeber gibt es auf Grund einer vor einigen Jahren erfolgten Rechtsprechungsänderung Probleme mit den Bezugnahmeklauseln. Bis dahin wurden diese Klauseln als Gleichstellungsabreden verstanden; d.h. für Gewerkschaftsmitglieder und für Nicht-Gewerkschaftsmitglieder sollten immer die gleichen Arbeitsbedingungen gelten. Diese Automatik erkennt das BAG nicht mehr an. Problematisch sind die Fälle, in denen nach Abschluss des Arbeitsvertrages ein anderer Tarifvertrag gilt oder gelten könnte. Der Arbeitgeber erreicht die Gleichstellung durch eine dynamische Bezugnahmeklausel; d. h. wenn später

---

12 *Benedikt Schmidt*, Tarifpluralität im System der Arbeitsrechtsordnung, 2011, S. 94 ff.

13 Zu Differenzierungsklauseln s. *Löwisch/Rieble*, § 1 TVG Rn. 1852 ff.; *Wiedemann* in Wiedemann, TVG, Einl. Rn. 283 ff.

14 BAG GS AP Art. 9 GG Nr. 13.

15 BAG, NZA 2009, 1028.

ein neuer Tarifvertrag normativ gilt, dann soll der jeweilige spätere Tarifvertrag auch schuldrechtlich gelten. Das gilt auch für den Fall, dass ein gesamtes Tarifsystem – wie der BAT, Bundesangestelltentarifvertrag – durch ein ganz neues Tarifsystem abgelöst wird. Soll dagegen ein Tarifwechsel zu einer anderen Gewerkschaft stattfinden, so gilt nach der neueren Rechtsprechung die Bezugnahme nur dann, wenn der Arbeitsvertrag diesen Fall im Voraus genannt hat. Z. B. ein Unternehmen stellt inzwischen andere Produkte her und unterliegt damit der Geltung eines Tarifvertrages einer anderen Branche mit niedrigeren Löhnen. Hier stellt sich die Frage, ob die nicht tarifgebundenen Arbeitnehmer aufgrund der Bezugnahme auf den jeweils geltenden Tarifvertrag ebenfalls den niedrigeren Lohn erhalten.

c) Eine *Erstreckung von Tarifnormen* auf Nichtorganisierte findet in Deutschland auf Grund verschiedener Rechtsgrundlagen statt, und zwar u.a.

nach § 5 TVG (Allgemeinverbindlicherklärung)[16]

nach dem Arbeitnehmerentsendegesetz (AEntG)[17]

nach § 3a Arbeitnehmerüberlassungsgesetz (AÜG).[18]

Vorausgesetzt ist bei einigen Erstreckungsnormen, dass eine bestimmte Mindestzahl von Arbeitsverhältnissen bereits einem Tarifvertrag unterliegt.

Auch in **Japan** gibt es Fälle von Tarifnormerstreckung, zum einen für eine Erstreckung innerhalb eines Unternehmens von Organisierten auf Außenseiter, Art. 17 Gewerkschaftsgesetz, zum anderen gibt es eine regionale Erstreckung von Tarifverträgen nach Art. 18 Gewerkschaftsgesetz.

Auch eine derartige Erstreckung von privatrechtlichen Bestimmungen auf vom Vertrag nicht erfasste Personen ist eine Besonderheit des kollektiven Arbeitsrechts gegenüber dem allgemeinen Zivilrecht.

2. Der Tarifvertrag als Normenvertrag

Der Tarifvertrag hat ein Doppelgesicht.[19] Einerseits ist er Vertrag. Dementsprechend gelten für den Abschluss des Vertrages und für seine Beendigung die Re-

16 Wiedemann/*Wank*, § 5 TVG.

17 Wiedemann/*Wank*, Anh. 1 zu § 5 TVG

18 *Wank* in Erfurter Kommentar zum Arbeitsrecht, 13. Aufl. 2013, § 3a TVG.

19 Wiedemann-*Thüsing*, § 1 TVG Rn. 36 ff.; Wiedemann-*Wank*, § 1 TVG Rn. 978 ff.

geln des allgemeinen Schuldrechts für Verträge. Andererseits hat dieser Vertrag aber für die ihm Unterworfenen eine normative Wirkung. Das spricht dafür, auf ihn ähnliche Regeln anzuwenden wie für Gesetze. Wird beispielsweise ein rückwirkender Tarifvertrag geschlossen, dann unterliegen dessen Regeln im Hinblick auf den Vertrauensschutz der Normunterworfenen ähnlichen Einschränkungen wie rückwirkende Gesetze.[20]

Im Hinblick auf die Auslegung von Tarifverträgen – genauer gesagt im Hinblick auf den normativen Teil des Tarifvertrages mit seinen Auswirkungen auf die Normunterworfenen – ist streitig, ob sie wie Verträge auszulegen sind, also nach der subjektiven Auslegungsmethode, oder wie Gesetze (wie nach der h.M. zur Gesetzesauslegung) nach der objektiven Auslegungsmethode. Richtig dürfte eine subjektive Auslegung sein, die auf die Besonderheiten der normativen Wirkung (wie beispielsweise bei der Rückwirkung) Rücksicht nimmt.[21]

Eine ähnliche Problematik gibt es im Übrigen im Hinblick auf die Auslegung von Gesellschaftsverträgen.[22]

Dass ein Tarifvertrag ein Normenvertrag besonderer Art ist, zeigt sich am Fall des *tarifdispositiven Gesetzesrechts*.[23] Grundsätzlich kennt das Zivilrecht die Zweiteilung in zwingendes Recht und dispositives Recht. Des Weiteren ist zwischen beiderseits zwingendem Recht und einseitig zwingendem Recht zu unterscheiden, quasi einem gesetzlichen Günstigkeitsprinzip. Demgegenüber gibt es im Tarifrecht tarifdispositives Gesetzesrecht: d.h. nur ein Tarifvertrag, nicht aber ein Individualvertrag darf vom Gesetz abweichen. Der Grund liegt in der sog. Richtigkeitsvermutung bei Tarifverträgen. Da sie von zwei gleich starken Parteien geschlossen werden, wird vermutet, dass sie auch im Verhältnis zum Gesetzesrecht eine gerechte Regelung enthalten.

Auch im japanischen Recht gibt es in einem Punkt tarifdispositives Recht. So dürfen Tarifverträge nach § 24 Abs. 1 Arbeitsstandardgesetz (ASG) vom Prinzip der Lohnauszahlung in Geld abweichen. Während in Deutschland Abweichungen vom Gesetz nur durch Tarifverträge (und durch Bezugnahme auf Tarifverträge) möglich sind, kann in Japan eine Absprache zwischen dem Arbeitgeber und dem Mehrheitsvertreter eine längere Arbeitszeit als nach dem ASG vorsehen, § 36 ASG.

---

20 Wiedemann-*Wank*, § 4 TVG Rn. 236 ff.

21 Wiedemann-*Wank*, § 1 TVG, Rn. 991 ff.

22 *Wiedemann*, Gesellschaftsrecht Bd. 1, 1980, § 3 II 2, S. 165 ff.

23 Wiedemann-*Wiedemann*, TVG, Einl. Rn. 382 ff.

3. Unternehmensgewerkschaft oder überbetriebliche Gewerkschaft

Ein ganz entscheidender Unterschied zwischen dem deutschen und dem japanischen Gewerkschaftssystem betrifft die Frage, ob die Gewerkschaft nur für ein Unternehmen zuständig ist oder ob sie für alle Unternehmen einer Branche zuständig ist.

a) In Deutschland gibt es einen von Rechtsprechung und Rechtswissenschaft entwickelten Begriff der Gewerkschaft im Sinne des Tarifvertragsgesetzes. § 2 TVG enthält insofern keine Definition, aber Rechtsprechung und Literatur haben eine Reihe von Merkmalen als Voraussetzung für die Gewerkschaftseigenschaft und damit für die Tariffähigkeit entwickelt, die teils allgemein anerkannt und teils umstritten sind. Diese Merkmale stimmen für Deutschland und Japan weitgehend überein. Allerdings findet sich in Japan eine Definition der Gewerkschaft in § 2 des Gewerkschaftsgesetzes. Anders steht es mit dem in Deutschland vom BAG und vom Bundesverfassungsgericht sowie der überwiegenden Meinung in der Literatur anerkannten Merkmal der *„sozialen Mächtigkeit“,*[24] also der Fähigkeit, auf die Arbeitgeberseite Druck auszuüben. Für Japan gilt dieses Merkmal nicht, so dass auch eine schwache Organisation eine Gewerkschaft im Sinne des japanischen Rechts sein kann.

Eines der zwingenden Merkmale, wie z.B. Vertretung der Arbeitnehmer oder Gegnerunabhängigkeit, ist das Merkmal der *Überbetrieblichkeit.*[25] Hiervon werden nur wenige Ausnahmen anerkannt, und zwar für besonders große Unternehmen, wie z.B. die Postgewerkschaft. Eine Arbeitnehmervereinigung, die dieses Merkmal nicht erfüllt, kann zwar Verträge für Arbeitnehmer abschließen, aber eben keine Tarifverträge nach dem TVG mit normativer Wirkung. Die deutschen Gewerkschaften sind im Allgemeinen für alle Unternehmen in einem bestimmten Produktionssektor oder Dienstleistungssektor zuständig. So ist die IG Metall beispielsweise für alle deutschen Automobilhersteller tarifzuständig.

Man kann dieses Erfordernis nicht damit begründen, dass anderenfalls ein Tarifwirrwar bestünde. Wenn es so wäre, dann müsste man das Problem im Hinblick auf die Konkurrenz von Tarifverträgen lösen, aber nicht schon indem man einer Vereinigung die Tariffähigkeit abspricht.[26] Richtig ist dagegen, dass eine Gewerkschaft, die nur in einem Unternehmen vertreten ist, nicht so viel Macht und Durchsetzungsfähigkeit hat wie eine überbetriebliche. Insofern liegt in Deutschland eine Erfahrung mit Gewerkschaften vor, die jeweils nur auf ein

---

24 BVerfGE 58, 233; BAG, NZA 2011, 300; *Wank/Schmidt,* RdA 2008, 257.

25 BVerfGE 4, 96 = NJW 1954, 1881.

26 Krit. gegenüber dem Merkmal *Löwisch/Rieble*, § 2 TVG Rn. 133.

Unternehmen bezogen waren und zu sehr auf die Interessen der Arbeitgeber gesehen haben. Dieses Problem kann man aber auch dadurch lösen, dass man von Gewerkschaften generell, wie das heute geschieht, eine „soziale Mächtigkeit" verlangt.

Das Prinzip der Überbetrieblichkeit bietet Vor- und Nachteile. Vorteilhaft ist, dass die Gewerkschaft die Kampfkraft aller Arbeitnehmer einer Branche bündeln kann. Nachteilig ist aber, dass die Gewerkschaft nicht auf die Besonderheiten eines Unternehmens eingeht, sondern gleichsam den Durchschnitt der Branche repräsentiert. So kann ein bestimmter Lohnabschluss für manche verbandsangehörigen Unternehmen zu hoch sein, während andere Unternehmen ohne weiteres mehr zahlen könnten und ihren Arbeitnehmern Zuschläge zahlen.

Von der Frage der überbetrieblichen Gewerkschaft ist das Problem des *Dachverbandes* zu unterscheiden.[27] So sind die großen deutschen Gewerkschaften im Deutschen Gewerkschaftsbund, DGB, zusammengeschlossen. Dieser ist jedoch nur für die allgemeine Gewerkschaftspolitik zuständig und schließt selbst keine Tarifverträge ab.

b) In Japan sind die meisten Gewerkschaften auf ein Unternehmen bezogen, es gibt nur wenige überbetriebliche Gewerkschaften. Infolgedessen können in Japan die Gewerkschaften auch eher betriebliche Fragen regeln, so dass es keines Nebeneinanders von Gewerkschaft und Betriebsrat bedarf.

Soweit es in Japan Dachverbände gibt,[28] schließen diese entweder selbst Tarifverträge ab oder zusammen mit den jeweiligen Einzelgewerkschaften.

4. Industrieverbandsprinzip oder Berufsverbandsprinzip

a) Ein weiteres Problem folgt aus dem zuvor genannten. Angesichts der Tatsache, dass japanische Gewerkschaften ohnehin meist nur auf ein Unternehmen bezogen sind, beziehen sie sich typischerweise auf alle Mitarbeiter dieses Unternehmens, unabhängig von deren Berufen im Einzelnen.

b) Da deutsche Gewerkschaften überwiegend überbetrieblich organisiert sind, könnte man sich vorstellen, dass sie Arbeitnehmer nicht nach Branchen getrennt vertreten, sondern nach Berufen.

---

27 Wiedemann/*Oetker*, § 2 TVG Rn. 416 ff.; s. auch den CGZP-Beschluss des BAG, AP TVG § 2 Tariffähigkeit Nr. 6; dazu ErfK-*Wank*, § 19 AÜG m.w.N. Rn. 2 ff.

28 S. *Masahiko Daimon*, Gewerkschaften, S. 1.

Tatsächlich gilt aber in Deutschland das *Industrieverbandsprinzip.*[29] So ist beispielsweise die IG Metall für alle metallverarbeitenden Unternehmen zuständig, die IG Chemie für alle Chemieunternehmen. Innerhalb der Branche werden dann alle Arbeitnehmer eines Unternehmens erfasst, unabhängig davon, welchen Beruf sie ausüben. Da die IG Metall für den Autohersteller Mercedes zuständig ist, betrifft das alle bei Mercedes Beschäftigten, den Fabrikarbeiter ebenso wie den Fahrer, den Buchhalter oder den Koch.

Für den *Arbeitgeber* hat dieses Organisationsprinzip Vorteile: Es finden keine Profilierungskämpfe zwischen einzelnen Gewerkschaften statt, es gibt nicht ständig neue Arbeitskämpfe, es gelten die gleichen Arbeitsbedingungen.

Dieses System kann aber auch für Arbeitgeber nachteilig sein. Werden beispielsweise die Köche in der Kantine von Mercedes nach dem Metall-Tarifvertrag bezahlt, so sind ihre Löhne wahrscheinlich höher als die Löhne von Köchen, die in einem Restaurant arbeiten und nach dem Tarifvertrag der Gewerkschaft Nahrung und Genussmittel bezahlt werden. Wenn ein Unternehmen sparen will, so gliedert es Tätigkeiten, die nicht zum Kerngeschäft gehören, aus, entweder im Beispielsfall auf ein Cateringunternehmen, das seinen Köchen niedrigere Löhne zahlt, oder auf eine Tochtergesellschaft von Mercedes, die dem Nahrungsmitteltarifvertrag unterliegt.

Für manche *Arbeitnehmer*, wie z.B. den Koch bei Mercedes in unserem Beispielsfall, bietet das Industrieverbandsprinzip Vorteile. Er erhält einen höheren Lohn als nach dem Berufsverbandsprinzip. Andere Arbeitnehmer können sich unterbezahlt vorkommen, da ihre Tätigkeit in den allgemeinen Rahmen für diese Branche eingefügt ist und vielleicht ihre besonderen Qualitäten nicht berücksichtigt.

5. Spartengewerkschaften

a) Während es in Deutschland generell beim Industrieverbandsprinzip bleibt, hat der zuletzt genannte Aspekt dazu geführt, dass in letzter Zeit mehrere sog. Spartengewerkschaften entstanden sind, die jeweils nur eine bestimmte Berufsgruppe vertreten, wie die angestellten Ärzte, Piloten oder Lokführer.[30] Diese Gewerkschaften haben einen hohen Organisationsgrad. Bei einem Streik können sie, weil nicht austauschbar, das Unternehmen hart treffen, anders als beispielsweise Kassiererinnen in Einzelhandelsgeschäften. Die Gewerkschaft braucht auf ande-

29 Wiedemann-*Oetker*, § 2 TVG Rn. 353 ff.; Wiedemann-*Wank*, § 4 TVG Rn. 135.
30 *Benedikt Schmidt*, Tarifpluralität, S. 281 ff.

re Berufsangehörigen keine Rücksicht zu nehmen, sondern kann gezielt die Interessen ihrer Mitglieder vertreten.

Für die etablierten Industriegewerkschaften sind die neuen Spartengewerkschaften Störenfriede. Sie bringen das austarierte Tarifgefüge durcheinander und bringen die Industriegewerkschaft unter Druck, Löhne zu fordern, die nicht im gesamten Unternehmen erreichbar sind. Auch können diese Gewerkschaften die von der Industriegewerkschaft ausgehandelten Tarifverträge als sog. Anschlusstarifverträge übernehmen, mit zusätzlichen Vergünstigungen für ihre Mitglieder.

Auch den Arbeitgebern sind diese neuen Gewerkschaften ein Dorn im Auge. Nunmehr muss der Arbeitgeberverband mit mehreren Gewerkschaften verhandeln, diese können zu unterschiedlichen Zeiten unterschiedliche Streiks durchführen, im Unternehmen gelten mehrere Tarifverträge neben einander, und durch die höheren Löhne für die Tarifverträge der Spartengewerkschaften entsteht ein Sog zu insgesamt höheren Löhnen.

Bis vor einigen Jahren war das Problem noch nicht so akut. Das BAG hatte nämlich das *Prinzip der Tarifeinheit* entwickelt, d.h. in einem Unternehmen sollte nur ein Tarifvertrag gelten. Vor zwei Jahren hat das BAG jedoch – der ganz überwiegenden Literatur folgend – das Prinzip der Tarifeinheit aufgegeben.[31] Nunmehr gibt es Versuche, sei es durch Rechtsprechung, sei es durch Gesetzgebung, zwar einerseits an der Aufgabe des Prinzips dem Grunde nach festzuhalten, die Folgen aber abzumildern, indem beispielsweise die Freiheit der Spartengewerkschaften zu Streiks eingeschränkt wird. Der DGB und die BDA hatten dazu einen gemeinsamen Gesetzgebungsvorschlag vorgelegt.[32] Nachdem sich die Gewerkschaften aber inzwischen aus diesem Projekt zurückgezogen haben, ist eine gesetzliche Regelung unwahrscheinlich geworden.

b) Auch in Japan kommt es vor, dass es in einem Unternehmen mehrere Gewerkschaften gibt. Anders als früher in Deutschland gilt dann nicht das Prinzip der Tarifeinheit, sondern der Arbeitgeber verhandelt getrennt mit den einzelnen Gewerkschaften und schließt gesonderte Tarifverträge ab.

6. Firmentarifverträge und unternehmensnahe Tarifverträge

Im Vorigen wurde danach unterschieden, welche Differenzierungen es auf Seiten der Gewerkschaften gibt. Nunmehr sollen Differenzierungen auf Arbeitge-

31 BAG AP GG Art. 9 Nr. 143; zum Ganzen *Greiner*, Rechtsfragen der Koalitions-, Tarif- und Arbeitskampfautonomie, 2010; *Benedikt Schmidt*, Tarifpluralität, 2011.

32 Gesetzesvorschlag RdA 2010, 315.

berseite beleuchtet werden. Hier gibt es zwei Möglichkeiten, auf die Besonderheiten eines Unternehmens einzugehen.

Zum einen besteht die Möglichkeit zum Abschluss von *Firmentarifverträgen* [33] (in Japan der Normalfall). Nach dem Tarifvertragsgesetz ist jeder einzelne Arbeitgeber tariffähig. Sofern auf der einen Seite überhaupt eine Gewerkschaft besteht – entweder überbetrieblich oder, im Ausnahmefall, auf ein Unternehmen bezogen – kann diese statt mit einem Arbeitgeberverband mit einem einzelnen Arbeitgeber einen Tarifvertrag schließen. Die Zahl derartiger Firmentarifverträge ist in Deutschland allerdings niedrig. Der Tarifvertrag kann dem Verbandstarifvertrag entsprechen, mit speziellen Abweichungen für dieses Unternehmen, er kann aber auch ganz eigenständig auf das Unternehmen zugeschnitten sein.

Daneben gibt es die Möglichkeit zum Abschluss *unternehmensbezogener Tarifverträge.*[34] Der Verbandstarifvertrag enthält dann abweichende Regelungen, die nur auf einzelne Unternehmen zugeschnitten sind. Diese Lösung bietet sich insbes. in Sanierungsfällen an; das Unternehmen unterliegt weiterhin dem Verbandstarifvertrag, aber zur Abwendung einer Insolvenz erlauben Arbeitgeberverband und Gewerkschaft dem Unternehmen für eine Übergangszeit, niedrigere Löhne zu zahlen.

II. Interessenvertretung der Arbeitnehmer durch Betriebsräte

Die zweite Säule der Interessenvertretung der Arbeitnehmer in Deutschland besteht in der betrieblichen Mitbestimmung. Sie erfolgt durch Betriebsräte.

1. Organisationsprinzipien

a) Die Organisationsprinzipien, die dem Tarifvertragssystem zugrundeliegen, und diejenigen, die der betrieblichen Mitbestimmung zugrundeliegen, sind ganz unterschiedlich.[35]

Rechtsgrundlage für die Gewerkschaften sind Art. 9 Abs. 3 GG und das Tarifvertragsgesetz. Ob und welche Gewerkschaften und Arbeitgeberverbände gegründet werden, unterliegt der Tarifautonomie. Gesetzgebung und Recht-

33 *Ahrendt*, RdA 2012, 130 ff.; Thüsing/Braun-*Oberwinter*, Tarifrecht, 9. Kap.; Wiedemann-*Thüsing*, § 1 TVG Rn. 192 ff.

34 *Saeidy-Nory/Schack*, Festschrift für Adomeit, 2008, S. 673 ff.; Thüsing/Braun-*Oberwinter*, Tarifrecht, Kap. 9 Rn. 14 f.

35 Zum Ganzen *Krause*, RdA 2009, 129 ff.

sprechung haben nur Rahmenbedingungen aufgestellt, z.B. was die notwendigen Merkmale für eine Gewerkschaft sind und wie ein Tarifvertrag wirkt. An Tarifverträge sind – kraft Gesetzes – nur die Mitglieder der Koalitionen gebunden, § 3 TVG.

Demgegenüber ist für die betriebliche Mitbestimmung durch das Betriebsverfassungsgesetz im Einzelnen geregelt, wann und wie Betriebsräte zu gründen sind, wie sie zu wählen sind und wie viele Sitze es gibt sowie welche Mitbestimmungsrechte sie haben. Auch Betriebsvereinbarungen, also Verträge zwischen Betriebsrat und Arbeitgeber, wirken normativ; aber sie gelten für alle Arbeitnehmer im Betrieb.

Nach dem gesetzlichen Modell sind den Tarifparteien und den Betriebsparteien unterschiedliche Bereiche zugewiesen.[36] Ganz grob kann man sagen, dass die materiellen Arbeitsbedingungen, wie Lohnhöhe, Wochenstundenzahl, Urlaubsdauer, von den Tarifparteien geregelt werden, und die formellen Arbeitsbedingungen sowie Einzelfälle der personellen und der sozialen Mitbestimmung von den Betriebsparteien. Dabei ist die Intensität der jeweiligen Mitbestimmungsrechte ganz unterschiedlich. Es gibt Anhörungsrechte, Beratungsrechte, Vetorechte und schließlich eine echte Mitbestimmung in Form einer gemeinsamen Entscheidung.

In Japan ist die Lage insofern anders, als der Tarifvertrag die materiellen Arbeitsbedingungen nicht selbst abschließend regelt, sondern die Einzelheiten der Arbeitsordnung überlässt.

b) In Japan gibt es keine Betriebsräte. Ihre Funktion wird in Japan wahrgenommen von der sog. Mehrheitsvertretung.[37] Das ist die Gewerkschaft, in der die Mehrheit der Arbeitnehmer des betreffenden Betriebs organisiert ist. Gibt es keine solche Gewerkschaft, ist es die Person, die mehr als die Hälfte der Arbeitnehmer vertritt. § 6 Abs. 2 der Einführungsverordnung zum ASG regelt Einzelheiten bezüglich der Person, die mehr als die Hälfte der Arbeitnehmer vertritt.

Neben der Mehrheitsvertretung gibt es in Japan den paritätisch besetzten Arbeitgeber-Arbeitnehmer-Ausschuss.[38]

Der Funktion der Betriebsvereinbarung entspricht in Japan zum einen die Absprache zwischen Arbeitgeber und Mehrheitsvertretung, zum anderen die Ar-

---

36 *Wank*, NJW 1996, 2273.

37 *Nishitani*, Einführung, S. 56; zum Folgenden auch *Wank*, RdA 2005, 271, 279 f.

38 *Araki*, Labor Law, S. 179 ff.; *Nishitani*, Einführung, S. 57.

beitsordnung.[39] Sie wird vom Arbeitgeber einseitig aufgestellt und enthält die materiellen Arbeitsbedingungen. Eine Inhaltskontrolle findet - außer bei für Arbeitnehmer nachteiligen Änderungen der Arbeitsbedingungen - nur begrenzt statt. So wie eine Betriebsvereinbarung für alle Arbeitnehmer eines Betriebes gilt, so auch die Arbeitsordnung. Anders ist es mit der Arbeitgeber-Mehrheitsgewerkschaft-Absprache. Allerdings entstehen – im Unterschied zu Tarifverträgen und zur Arbeitsordnung – aus der Absprache selbst keine konkreten Pflichten der Arbeitgeber.

2. Mitbestimmung in personellen Angelegenheiten

Im Hinblick auf die betriebliche Mitbestimmung werden herkömmlich drei Bereiche unterschieden, die personelle Mitbestimmung, die soziale Mitbestimmung und die wirtschaftliche Mitbestimmung.

Die personelle Mitbestimmung betrifft Einstellung, Eingruppierung, Versetzung und Entlassung von Arbeitnehmern. [40]

a) Die Mitbestimmung in personellen Angelegenheiten betrifft zum einen grundsätzliche Fragen, zum anderen Einzelfälle.

Grundsätzlicher Art ist die Mitbestimmung bei der Personalplanung, §§ 92-95 BetrVG, und bei der Berufsbildung, §§ 96-98 BetrVG.

b) Bei den Einzelentscheidungen geht es um Einstellung, Eingruppierung, Umgruppierung, Versetzung und Kündigung.

Vor jeder Einstellung ist der Betriebsrat anzuhören. Er hat ein Widerspruchsrecht, allerdings nur aus im Gesetz genannten Gründen, § 99 Abs. 2 BetrVG. Dazu gehören der Verstoß gegen ein Gesetz, § 99 Abs. 2 Nr. 1 BetrVG, oder gegen eine Auswahlrichtlinie, § 99 Abs. 2 Nr. 2 BetrVG. Der Arbeitgeber kann gegen den Widerspruch eine gerichtliche Überprüfung in Anspruch nehmen. Das gilt auch für die anderen Mitbestimmungsfälle. Das Verfahren und die Rechtsfolgen sind allerdings jeweils unterschiedlich geregelt, so dass eine Darstellung zu weit führen würde.

---

39 *Araki*, Labor Law, S. 51 ff.; *Kuwamura*, RdA 2011, 155, 157; *Nishitani*, Einführung, S. 104 ff.

40 *Thüsing* in Richardi, Betriebsverfassungsgesetz, Kommentar, 13. Aufl. 2012, insbes. §§ 99 f., 102 f.

c) Bei Eingruppierungen und Umgruppierungen hat der Betriebsrat ein sog. Mitbeurteilungsrecht, d.h. er kann prüfen, ob die Eingruppierung unter den Tarifvertrag richtig erfolgt ist.[41]

d) Im Hinblick auf Versetzungen liegt dem Mitbestimmungsrecht ein eigener Versetzungsbegriff zugrunde, der abweicht vom Versetzungsbegriff des Vertragsrechts.[42] Eine Versetzung liegt danach schon bei einer wesentlichen Veränderung der Arbeitsbedingungen vor.

e) Besonders wichtig ist die Mitbestimmung bei der Kündigung. Wurde der Betriebsrat vor einer Kündigung nicht angehört, so ist die Kündigung allein schon aus diesem Grunde unwirksam, § 102 Abs. 1 Satz 3 BetrVG. Das BAG legt die Vorschrift so aus, dass sie auch für mangelhafte Anhörungen gilt, beispielsweise wenn der Arbeitgeber dem Betriebsrat für die Entscheidung über die Kündigung wichtige Tatsachen nicht oder nicht vollständig mitgeteilt hat.[43] Sofern der Arbeitgeber den Betriebsrat allerdings zutreffend unterrichtet hat, hindert das Bedenken des Betriebsrats die Wirksamkeit der Kündigung nicht.

Von den Fällen der Kündigung im Einzelfall ist eine Kündigung einer größeren Gruppe von Arbeitnehmern im Zusammenhang mit Interessenausgleich und Sozialplan zu unterscheiden; dazu im Folgenden.

3. Mitbestimmung in sozialen Angelegenheiten

Von großer Bedeutung ist das Mitbestimmungsrecht in sozialen Angelegenheiten. Hier besteht eine „zwingende Mitbestimmung“, § 87 BetrVG; d.h. eine Regelung ist hier immer nur im Zusammenwirken mit dem Betriebsrat möglich. Daneben können Arbeitgeber und Betriebsrat auch freiwillige Betriebsvereinbarungen abschließen, § 88 BetrVG.

Worüber der Betriebsrat mitzubestimmen hat, ist in § 87 BetrVG in inzwischen 13 Nummern im Einzelnen aufgelistet. Dazu gehören z.B. Beginn und Ende der Arbeitszeit, Urlaubspläne oder Rauchverbote. Besonders wichtig ist das Mitbestimmungsrecht bei Entgeltregelungen.

Schranken der Mitbestimmung ergeben sich aus Gesetz und Tarifvertrag. Ist eine bestimmte Gestaltung der Arbeitsbedingungen durch Gesetz konkret vorge-

41 Richardi-*Thüsing*, § 99 BetrVG Rn. 75 ff.

42 Richardi-*Thüsing*, § 99 BetrVG Rn. 93 ff; zum Versetzungsbegriff im Vertragsrecht *Wank*, RdA 2012, 139, 140 ff.

43 Z.B. BAG AP BGB § 626 Nr. 131; zum Ganzen *Koch* in Ascheid/Preis/Schmidt, Kündigungsrecht, 4. Aufl. 2011, § 102 BetrVG Rn. 153 ff.

geben, scheidet ein Mitbestimmungsrecht aus. Das Gleiche gilt, wenn zu der Materie eine tarifliche Regelung vorliegt. Streitig ist, ob neben dieser Schranke aus § 87 BetrVG auch noch die aus § 77 Abs. 3 BetrVG gilt, wonach eine betrieblichen Regelung auch dann ausgeschlossen ist, wenn eine entsprechende Tarifregelung üblich ist; nach Ansicht des BAG gilt nur eine Schranke nach § 87 BetrVG, also nur durch aktuelle und konkrete tarifliche Regelungen.[44]

Weil Löhne in jedem Fall durch Tarifverträge geregelt sind, könnte man meinen, dass insoweit ein Mitbestimmungsrecht des Betriebsrats entfällt. Das ist jedoch nicht der Fall. Nach § 87 Abs. 1 Nr. 10 BetrVG hat der Betriebsrat ein Mitbestimmungsrecht über *Entgeltgrundsätze*, also über die konkrete Umsetzung einer tariflichen Regelung im Betrieb. Bei Sonderzuwendungen,[45] also bei Zulagen zum Tariflohn, kann der Arbeitgeber selbst entscheiden, ob er sie zahlen will, an wen und unter welchen Voraussetzungen. Er kann auch den „Dotierungsrahmen" festlegen, also die Gesamtsumme des Entgelts, das auf diesen Sachverhalt entfällt. Dagegen entscheidet der Betriebsrat über die Verteilungsgrundsätze mit.

4. Wirtschaftliche Mitbestimmung

Das Mitbestimmungsrecht in wirtschaftlichen Angelegenheiten betrifft Betriebsänderungen, Interessenausgleich und Sozialplan.

Plant der Arbeitgeber eine „Betriebsänderung", d.h. eine grundsätzliche Änderung der Arbeitsbedingungen, so muss er den Betriebsrat darüber unterrichten, § 111 BetrVG. Er muss mit dem Betriebsrat Alternativen beraten und einen Interessenausgleich abschließen. Soweit die Betriebsänderung zu Nachteilen für Arbeitnehmer führt, muss der Arbeitgeber gemeinsam mit dem Betriebsrat einen Sozialplan entwickeln, § 112 BetrVG. Der Sozialplan ist gesetzlich definiert als eine Einigung über den Ausgleich oder das Mildern der wirtschaftlichen Nachteile, die Arbeitnehmern aufgrund einer Betriebsänderung entstehen.

Kommt es zu einer Vielzahl von Entlassungen, so erfüllt allein dies bereits den Tatbestand der Betriebsänderung. Typischerweise werden für diesen Fall im Sozialplan Abfindungen vorgesehen, die sich insbesondere nach den Jahren der Betriebszugehörigkeit richten.

---

44 BAG AP BetrVG 1972 § 77 Nr. 21; a.A. Richardi-*Richardi,* § 77 BetrVG Rn. 247 ff.; *Wank*, RdA 1991, 129 ff. m.w.N.

45 Richardi-*Richardi*, § 87 BetrVG Rn. 747 ff.

III. Das Konkurrenzverhältnis zwischen Gewerkschaft und Betriebsrat

Das geschilderte duale System, die Interessenvertretung durch Gewerkschaften und Tarifverträge einerseits, durch Betriebsräte und Betriebsvereinbarungen andererseits, ist eine deutsche Spezialität.[46]

Gewerkschaften haben gegenüber Betriebsräten Überwachungsrechte und Unterstützungsrechte, gegenüber dem Arbeitgeber haben sie ein Recht auf Zugang zum Betrieb und auf Werbung im Betrieb. Tarifverträge können auch betriebliche Fragen regeln. In diesem Fall gilt die Besonderheit, dass die Regelung alle Arbeitnehmer im Betrieb erfasst, nicht nur die Tarifgebundenen, § 3 Abs. 2 TVG.

Im Hinblick auf die Mitbestimmung in sozialen Angelegenheiten gilt, wie erwähnt, das Vorrangprinzip; d.h. tarifliche Regelungen, insbes. über die Lohnhöhe, verdrängen die Möglichkeit für betriebliche Regelungen. Diesen Grundsatz erstreckt § 77 Abs. 3 BetrVG auf alle materiellen Arbeitsbedingungen, wobei eine bloße Tarifüblichkeit für einen Ausschluss des Mitbestimmungsrechts genügt.

Bei der Schaffung des gegenwärtigen kollektiven Arbeitsrechts nach dem Zweiten Weltkrieg sollte verhindert werden, dass beispielsweise der Tarifvertrag einen moderaten Lohnabschluss vorsieht und dass dann der Betriebsrat eines gewinnkräftigen Unternehmens mit dem Arbeitgeber einen höheren Lohn aushandelt und dadurch die Gewerkschaft unter Druck setzt. Der Betriebsrat sollte nicht als „beitragsfreie Ersatzgewerkschaft“ fungieren. Allerdings wird ein ähnliches Ergebnis dadurch erreicht, dass der Betriebsrat in Betriebsvereinbarungen Sonderzuwendungen vereinbart, die seinem Mitbestimmungsrecht unterliegen.

In der Praxis arbeiten Gewerkschaften und Betriebsräte meist einvernehmlich zusammen. Zwei Drittel der Betriebsratsmitglieder sind zugleich Gewerkschaftsmitglieder, so dass man den Betriebsrat in der Regel zugleich als verlängerten Arm der Gewerkschaft im Betrieb ansehen kann.

---

46 Eingehend *Krause*, RdA 2009, 129 ff.

IV. Die Unternehmensmitbestimmung

Eine weitere Spezialität des deutschen Rechts, die in diesem Ausmaß wohl in anderen Ländern keine Parallele hat, ist die Mitbestimmung im Unternehmen. Im Hinblick auf die Mitbestimmung im Arbeitsrecht muss deutlich unterschieden werden zwischen der betrieblichen Mitbestimmung durch Betriebsräte einerseits und der Unternehmensmitbestimmung andererseits; sie bezieht sich auf die Zusammensetzung der Vorstände und der Aufsichtsräte von Unternehmen.

In Bezug auf die Unternehmensmitbestimmung gibt es in Deutschland mehrere Modelle, die neben einander bestehen.

1. Die Mitbestimmung im Aufsichtsrat

Zu unterscheiden ist zwischen der Mitbestimmung im Aufsichtsrat[47] und der Mitbestimmung im Vorstand.[48]

a) Ein ursprüngliches Modell ist das nach dem Betriebsverfassungsgesetz von 1952, das inzwischen durch das *Drittelbeteiligungsgesetz*[49] abgelöst worden ist. Es sieht eine Drittelbeteiligung der Arbeitnehmervertreter im Aufsichtsrat vor.

b) Von größter Bedeutung ist das *Mitbestimmungsgesetz von 1976.*[50] Voraussetzung für die Anwendbarkeit des Gesetzes ist:

Es muss sich um eine Kapitalgesellschaft handeln

mit mehr als 2.000 Arbeitnehmern.

Statt einer Drittelbeteiligung sieht das Mitbestimmungsgesetz eine paritätische Beteiligung von Arbeitnehmervertretern und Anteilseignervertretern im Aufsichtsrat vor. Die Arbeitnehmervertreter kommen teils aus dem eigenen Unternehmen, teils werden sie von Gewerkschaften entsandt. So sitzt beispielsweise der Vorstand der IG Metall, Herr Huber, im Aufsichtsrat der Volkswagen AG. Unter den Arbeitnehmervertretern muss mindestens ein Vertreter der leitenden Angestellten sein.

---

47 S. ErfK-*Oetker*, §§ 95 ff. AktG, §§ 25 ff. MitbestG.

48 ErfK-*Oetker*, § 33 MitbestG.

49 ErfK-*Oetker*, Drittelbeteiligungsgesetz.

50 Dazu *Wlotzke/Wißmann/Koberski/Kleinsorge*, Mitbestimmungsrecht, 4. Aufl. 2011.

Im Hinblick auf die paritätische Zusammensetzung musste eine Regelung zur Auflösung von Pattsituationen geschaffen werden. Sie besteht im sog. Zweitstimmrecht des Aufsichtsratsvorsitzenden, § 29 Abs. 2 MitbestG.

c) Neben dem Drittelbeteiligungsgesetz und dem MitbestG 1976 gibt es für den Bereich der Montanindustrie das *Montan-Mitbestimmungsgesetz*. Es bezieht sich auf

- Kohle oder Erz verarbeitende Unternehmen sowie auf
- die Eisen und Stahl erzeugende Industrie, § 1 Abs. 1 Montan-Mitbestimmungsgesetz.

Erfasst werden nur Aktiengesellschaften, GmbH und bergrechtliche Gewerkschaften; das Unternehmen muss mehr als 1.000 Mitarbeiter beschäftigen.

Auch das Montan-Mitbestimmungsgesetz sieht eine paritätische Beteiligung der Arbeitnehmerseite vor. Pattsituationen werden durch den sog. 11. Mann aufgelöst. Zwar gibt es kaum noch Montanunternehmen in Deutschland; das Gesetz bestimmt aber, dass Unternehmen, die einmal Montanunternehmen waren, weiterhin als Montanunternehmen fingiert werden.

d) Der mitbestimmte Aufsichtsrat ist nach den genannten Gesetzen für die Wahl des Vorstands und die Überwachung des Vorstands sowie für die allgemeine Unternehmenspolitik zuständig. Im Ergebnis bedeutet das: Wer in Deutschland als Vorstandsmitglied eines Großunternehmens bestellt oder wiederbestellt werden will, ist vom Wohlwollen der Arbeitnehmervertreter des Unternehmens abhängig.

2. Die Mitbestimmung im Vorstand

Neben der Mitbestimmung im Aufsichtsrat gibt es in Deutschland eine Mitbestimmung im Vorstand. Nach § 33 MitbestG 1976 ist als eines der Vorstandsmitglieder ein Arbeitsdirektor zu bestellen. Häufig werden hierfür ehemalige Gewerkschaftsführer ernannt.

In Montanunternehmen darf ein Arbeitsdirektor nicht gegen die Stimmen der Arbeitnehmervertreter im Aufsichtsrat ernannt werden, § 13 Abs. 1 Montan-Mitbestimmungsgesetz.

V. Arbeitskampfrecht

Am weitesten entfernt vom allgemeinen Zivilrecht ist das Arbeitskampfrecht. Den früheren Versuchen, Arbeitskampfrecht mit allgemeinen zivilrechtlichen Mitteln zu erfassen, hat das BAG schon 1951 eine Absage erteilt.[51]

1. Kollektivrecht

Das Arbeitskampfrecht ist in Deutschland nicht gesetzlich geregelt. Das Bundesarbeitsgericht leitet das Arbeitskampfrecht teils aus dem Grundgesetz, teils aus von ihm in Rechtsfortbildung entwickelten Rechtsgrundsätzen ab.[52] Damit ein Streik rechtmäßig ist, müssen folgende Voraussetzungen erfüllt sein:

- Es muss um die Förderung der Arbeits- und Wirtschaftsbedingungen gehen. Rechtswidrig ist daher ein politischer Streik.[53]

- Privilegiert sind nur Streiks, die auf den Abschluss von Tarifverträgen gerichtet sind, und zwar von eigenen Tarifverträgen. Das BAG hat allerdings vor kurzem – ohne überzeugende Begründung - auch Unterstützungsstreiks als rechtmäßig anerkannt.[54]

- Der Streik muss von einer Gewerkschaft getragen sein; der sog. wilde Streik ist rechtswidrig[55].

Neben diesen Voraussetzungen gelten drei Prinzipien, nämlich Verhältnismäßigkeitsprinzip, Paritätsprinzip und Neutralitätsprinzip.[56]

Jede Arbeitskampfmaßnahme muss das Verhältnismäßigkeitsprinzip beachten, und zwar im Hinblick auf die - abstrakte - Zulässigkeit einer bestimmten Arbeitskampfmaßnahme, im Hinblick auf die Zulässigkeit im konkreten Fall und im Hinblick auf die Durchführung (Verbot von Exzessen). Die Beachtung des Verhältnismäßigkeitsprinzips auf der ersten Stufe, bei der Prüfung der abstrakten Zulässigkeit des Arbeitskampfmittels, hat das BAG in letzter Zeit allerdings

51 BAG AP GG Art. 9 Arbeitskampf Nr. 1.

52 *Wank*, Festschrift für Kissel, 1994, S. 1225 ff.

53 *Otto*, Arbeitskampf-und Schlichtungsrecht, 2006, § 5 Rn. 41 ff.

54 BAG AP GG Art. 9 Arbeitskampf Nr. 173 m. krit. Anm. *Wank*; krit. auch *Otto*, RdA 2010, 135, 143 f.

55 *Kissel*, Arbeitskampfrecht, 2002, § 25; *Otto*, Arbeitskampf-und Schlichtungsrecht, § 6 Rn. 22 ff.

56 *Däubler* in Däubler, Arbeitskampfrecht, 3. Aufl. 2011, § 14; *Deinert*, ebenda § 20; *Kissel*, Arbeitskampfrecht, §§ 22 ff., 44; *Otto*, Arbeitskampf- und Schlichtungsrecht, §§ 2 IV, 8; *Wank*, Festschrift für Kissel, S. 1225 ff.

weitgehend aufgegeben, indem es von der „freien Kampfmittelwahl" spricht und neuerdings solche unzulässigen Arbeitskampfmittel wie flashmob und Streik um Tarifsozialpläne für rechtmäßig erklärt.[57]

Sowohl die einzelnen Kampfmittel als auch deren Einsatz im konkreten Fall müssen gewährleisten, dass zwischen den Parteien Kampfparität herrscht. Dies wird an abstrakten Kriterien gemessen.

Schließlich gilt das Prinzip der Staatsneutralität.

Beamte haben in Deutschland kein Streikrecht. Die im vorigen Jahr ergangenen abweichenden Entscheidungen der Verwaltungsgerichte Düsseldorf und Kassel[58] unter Berufung auf Völkerrecht sind abzulehnen, da sie die Besonderheiten des deutschen Beamtenrechts (Unkündbarkeit gegen Streikverbot) völlig verkennen.

Im japanischen Recht gelten ähnliche Voraussetzungen für die Rechtmäßigkeit von Arbeitskampfmaßnahmen. Allerdings gilt das Verhältnismäßigkeitsprinzip nicht. Auch in Japan gibt es kein Streikrecht für Beamte.[59]

2. Arbeitskampf und Arbeitsverhältnis

Dass sich kollektives Arbeitsrecht nicht nach dem allgemeinen Zivilrecht beurteilen lässt, wird besonders deutlich bei den Auswirkungen eines Arbeitskampfes auf das einzelne Arbeitsverhältnis.[60]

Der rechtmäßige Streik im Sinne des kollektiven Arbeitsrechts führt dazu, dass auch die Arbeitsniederlegung in Bezug auf das Arbeitsverhältnis rechtmäßig ist. Es handelt sich nicht um Vertragsbruch; Abmahnung und Kündigung sind unzulässig. Auch liegt in diesem Fall keine unerlaubte Handlung vor, es gibt keinen Schadensersatzanspruch gegen die Arbeitnehmer.

Rechtsfolge ist die Suspendierung der beiderseitigen Vertragspflichten. Der Arbeitnehmer braucht nicht zu arbeiten, er erhält allerdings auch keinen Lohn. An-

---

57 *Otto*, RdA 2010, 135 ff.; *Wank*, RdA 2009, 1 ff.

58 VG Düsseldorf, AuR 2011, 74; VG Kassel 27.2.2011 – 28 K 1208/10 KS.D. -; dazu *Schlachter*, RdA 2011, 341.

59 *Araki*, Labor Law, S. 188; *Nishitani*, Einführung, S. 28; s. dazu das Gesetz für Staatsbeamte und das Gesetz für lokale Beamte.

60 Kommentierungen in *Däubler*, Arbeitskampfrecht, §§ 19 ff.; *Kissel*, Arbeitskampfrecht, §§ 46 ff.; *Otto*, Arbeitskampf- und Schlichtungsrecht, §§ 14 ff.

ders ist es beim rechtswidrigen Streik. In diesem Fall besteht ein Schadensersatzanspruch.

Die Privilegierung rechtmäßiger Streiks gegenüber dem allgemeinen Zivilrecht findet sich auch im japanischen Recht. Art. 28 der japanischen Verfassung garantiert ein Recht auf kollektive Maßnahmen. Art. 1, 7 und 8 des Gewerkschaftsgesetzes untersagen Sanktionen gegenüber rechtmäßigen Arbeitskämpfen im Strafrecht und im Arbeitsrecht.

VI. Arbeitsvertrag und kollektives Arbeitsrecht

Angesichts der geschilderten Bedeutung des kollektiven Arbeitsrechts fragt es sich, inwiefern noch Raum für den Arbeitsvertrag besteht.

Zum einen gelten Tarifverträge nicht, wenn es an der beiderseitigen Tarifgebundenheit fehlt und auch keine Bezugnahme vereinbart wurde. Im Übrigen gibt es eine Reihe von Fragen, die im Tarifvertrag nicht geregelt werden und für die der Arbeitsvertrag eine Regelung vorsehen kann.

Im Hinblick auf das Betriebsverfassungsrecht ist festzustellen, dass ab einer Größe von mehr als fünf ständig im Betrieb beschäftigten Arbeitnehmern ein Betriebsrat gewählt werden kann. Es gibt aber keinen Zwang zur Gründung von Betriebsräten, und gerade in kleinen und mittleren Unternehmen ist vielfach kein Betriebsrat vorhanden. Auch ist der Kreis von Gegenständen, die der Mitbestimmung unterliegen, beschränkt.

Aber auch soweit Regelungen in einem Tarifvertrag oder in einer Betriebsvereinbarung bestehen, gibt es für dieselbe Materie einen Spielraum für den Arbeitsvertrag. Er folgt aus dem sog. *Günstigkeitsprinzip*.[61] Tarifverträge und Betriebsvereinbarungen setzen nur Mindestbedingungen; der Arbeitsvertrag darf zwar keine für Arbeitnehmer ungünstigeren Bestimmungen enthalten, wohl aber für Arbeitnehmer günstigere Vereinbarungen vorsehen.

Das unterscheidet das deutsche Arbeitsrecht vom **japanischen**, in dem ein Günstigkeitsprinzip grundsätzlich nicht gilt.[62]

---

61 Wiedemann-*Wank*, § 4 TVG Rn. 381 ff.

62 *Araki*, Labor Law, S. 175 f.; *Nishitani*, Einführung, S. 130 f.

VII. Zusammenfassung

Wenn man in Deutschland die für ein Arbeitsverhältnis geltenden Bestimmungen erfassen will, muss man den Arbeitsvertrag heranziehen, meist ergänzt um allgemeine Arbeitsbedingungen, aber auch Tarifverträge und Betriebsvereinbarungen, die den Regeln über Normenverträge unterliegen, mit arbeitsrechtlichen Besonderheiten.

Arbeitsrecht in der Rechtspraxis

Rechtsanwalt Kunio Miyazato, Tōkyō

1. Tendenz der Arbeitssachen in den letzten Jahren

(1) In den letzten Jahren haben in Japan die individuellen Arbeitsrechtsstreitigkeiten zwischen Arbeitgeber und Arbeitnehmer zugenommen. Die meisten Fälle beziehen sich auf Streitigkeiten um das Beschäftigungsende wie die Kündigung, die Empfehlung zum Ausscheiden aus dem Unternehmen und die Beendigung befristeter Beschäftigungsverhältnisse, gefolgt von Streitigkeiten um Löhne einschließlich Zahlungsrückstände von Löhnen, Überstunden- und Feiertagsarbeit sowie um einseitige Lohnkürzungen.

Häufiger gestritten wird auch über Entschädigungsansprüche wegen Machtmissbrauchs, sexueller Belästigung und Anträge auf Anerkennung von Arbeitsunfällen sowie Kündigungen wegen psychischer Erkrankungen wie Depressionen, die auf lange, übermäßige Belastung und Stress am Arbeitsplatz zurückzuführen sind.

Der Hintergrund der zunehmenden Arbeitsrechtsstreitigkeiten in den letzten Jahren liegt insbesondere in der Verringerung der regulären Beschäftigung, der Zunahme atypischer Beschäftigung in der Gestalt von befristeten Beschäftigungsverhältnissen und Leiharbeit (die Leiharbeiter machen mehr als 30% an der gesamten Arbeitnehmern aus), im Personal- und Arbeitsmanagement der gewinn- und leistungsorientierten Unternehmen, im leistungsorientierten Lohnsystem, in zu langen Arbeitszeiten, in übermäßiger Belastung und im Rückgang menschlicher Beziehungen am Arbeitsplatz. Auch trägt der Rückgang des Organisationsgrades der Gewerkschaften (18.5% im Jahr 2010, 30% im Jahr 1980) zum Anstieg individueller Arbeitsrechtsstreitigkeiten bei.

	2006	2010
Zivilsachen (einschließlich der einstweiligen Verfügung)	2,505	3,903

Arbeitsgerichtssystem	877 (April ~Dezember)	3,127
Vermittlung (durch die Arbeitsämter der Präfekturen)	6,924	6,390
Empfehlung und Anweisung (durch die Arbeitsämter der Präfekturen)	5,761	7,692
Arbeitsbezogene Beratung (durch die Arbeitsämter der Präfekturen)	946.012	1,130.234

Fallzahl von Arbeitsstreitigkeiten und Beratungen

(2) Im Gegensatz zu den zunehmenden individuellen Arbeitsrechtsstreitigkeiten gibt es weniger kollektive Arbeitsrechtsstreitigkeiten. Die kollektiven Streitigkeiten ergeben sich aus dem angespannten Verhältnis der sich gegenüberstehenden Parteien. Da es sich in Japan aber überwiegend um Unternehmensgewerkschaften handelt, sind diese in den harten Wettbewerb der Unternehmen eingebunden, was ihre Position gegenüber dem Arbeitgeber schwächt.

Die Arbeitskämpfe, die durch kämpferische Aktionen begleitet werden, nehmen Jahr für Jahr ab. Gleichzeitig entfremden sich immer mehr Arbeitnehmer von den Gewerkschaften und tragen zum voranschreitenden Rückgang des Organisationsgrades bei.

2. Lösungssysteme der Arbeitsrechtsstreitigkeiten

(1) Die Rechtsstreitigkeiten zwischen Arbeitgeber und Arbeitnehmer (Arbeitssachen) werden in Japan von den ordentlichen Gerichten behandelt, da es in Japan kein Gericht gibt, das dem Arbeitsgericht in Deutschland entspricht.

Bei manchen Gerichten, wie dem Gericht des Regierungsbezirks Tokyo wurde eine auf Arbeitssachen spezialisierte Fachkammer eingerichtet. Darüber hinaus gibt es auch eine Kammer, die sich vornehmlich mit Arbeitssachen beschäftigt.

In der Regel kennen sich die Richter zwar auf dem Gebiet des Zivilrechts aus, aber es mangelt oft am arbeitsrechtlichen Fachwissen.

Sie lernen das Arbeitsrecht erst kennen, wenn sie eine Arbeitssache behandeln und dabei auf Standardlehrbücher über das Arbeitsrecht oder Präzedenzfälle zurückgreifen.

(2) Bei den individuellen Arbeitsrechtsstreitigkeiten gibt es ein dreistufiges juristisches Lösungssystem: 1. Klage, 2. Schlichtung, 3. Arbeitsgerichtssystem. Darüber hinaus gibt es zwei exekutive Lösungssysteme: 1. Empfehlung und Anweisung durch das Arbeitsamt der Präfekturen sowie Vermittlung durch den Streitregulierungsausschuss, der im Arbeitsamt der Präfekturen eingerichtet ist, und 2. Vermittlung durch den Arbeitsausschuss.

(3) Das Arbeitsgerichtssystem trat in Japan im April 2006 angesichts der zunehmenden individuellen Arbeitsrechtstreitigkeiten, in denen beispielsweise um die Wirksamkeit von Kündigungen gestritten wurde, in Kraft.

Das Ziel des Systems besteht darin, dass der Arbeitsgerichtsausschuss, der aus einem Berufsrichter als Arbeitsrichter und je einem Vertreter der Sozialpartner als Laienrichter besteht, den jeweiligen Fall prüft und durch Vermittlung oder Urteilsfindung zu einer schnellen, angemessenen und wirksamen Lösung kommt. Beim Entwurf des Systems wurde auch das deutsche Arbeitsgerichtssystem zu Rate gezogen. Die Arbeitsgerichtsbarkeit wird von den beteiligten Parteien als schnelle Lösung positiv bewertet. In der Tat werden ca. 80% der Fälle im Durchschnitt innerhalb von 70 Tagen gelöst, die Kündigungsstreitigkeiten oft durch Geldleistung (Vergleichszahlung). Dabei gibt es allerdings keinen klaren Maßstab über die Geldsumme wie in Deutschland. Die Gewerkschaften kritisieren oft, die Geldleistungen seien zu niedrig.

(4) Nach dem Gewerkschaftsgesetz wurde in Japan der triparitätische Arbeitsausschuss als unabhängige Verwaltungskommission eingerichtet. Seine Aufgaben liegen sowohl in der Abhilfe bei Verstößen gegen das Koalitionsrecht (durch das Entscheidungsverfahren des quasioffiziellen Verfahrens) als auch in der Vermittlung bei kollektiven Streitigkeiten zwischen den Sozialpartnern.

Die Zahl der Anträge auf Abhilfe bezüglich unlauterer Arbeitgeberpraktiken, die in den letzten 10 Jahren beim Arbeitsausschuss der Präfekturen eingereicht wurden, lag bei ca. 300 pro Jahr. Die kollektiven Streitigkeiten in den letzten Jahren werden von den sogenannten Unions geprägt, die über die Grenzen der Unternehmen und Industriezweige hinweg von den einzelnen Mitgliedern organisiert werden, die Aufnahme kollektiver Verhandlungen fordern. Sie nehmen entlassene Arbeiter als Mitglieder auf und fordern die Rücknahme der Entlassungen.

Da die Arbeitgeber diese Anträge aber oft ablehnen, gibt es nicht selten Arbeitsrechtsstreitsachen, die im Arbeitsausschuss verhandelt werden (ca. 40 % der Anträge auf Abhilfe bezüglich unfairer Arbeitgeberpraktiken gehen auf die Unions zurück).

3. Merkmale des japanischen Arbeitsrechts und richterrechtliche Grundsätze

(1) Die meisten Rechtsnormen zu wichtigen Rechtsfragen wie Beschäftigung, Arbeitsbedingungen und Personalangelegenheiten sind als richterrechtliche Grundsätze geschaffen, da im japanischen Arbeitsrecht nur wenige Rechtsnormen als Gesetzesrecht festgeschrieben sind. Diese Grundsätze dienen als praktischer Leitfaden für das Gericht und Arbeitsgerichtssystem und haben großen Einfluss.

Sie dienen in der Praxis zwar auch den involvierten Parteien der Sozialpartner als Verhaltensregel, sind aber auf Seiten der Unternehmen noch nicht allgemein als Handlungsnorm akzeptiert.

Die richterrechtlichen Grundsätze beziehen sich auf folgende wichtige Aspekte: Missbrauch des Kündigungsrechts, Schutz vor betriebsbedingter Kündigung, Missbrauch bei der Beendigung befristeter Beschäftigungsverhältnisse, Missbrauch der Disziplinarbefugnis, Änderung der Arbeitsbedingungen mittels Arbeitsordnungen und Tarifverträge sowie Entsendung und Versetzung.

(2) Da die Darstellung der richterrechtlichen Grundsätze als gerichtliche Entscheidung auf den faktischen und rechtlichen Ausführungen der beteiligten Parteien fußt, werden die richterrechtlichen Grundsätze stark durch Aussagen und Beweisführung der prozessierenden Parteien beeinflusst.

Dabei werden theoretische Texte von Arbeitsrechtlern (rechtswissenschaftliche Literatur) herangezogen. Also beeinflusst auch die wissenschaftliche Literatur die richterliche Rechtsfortbildung.

(3) Bei der Herausbildung der richterrechtlichen Grundsätze zum Beschäftigungsschutz, wie z.B. beim Missbrauch des Kündigungsrechts und beim Schutz gegen betriebsbedingte Kündigungen, spielen sowohl die langjährige Geschichte von Kündigungsprozessen als auch die unterstützenden Aktivitäten der Gewerkschaften eine wichtige Rolle. Wie aus dem sinkenden Organisationsgrad der Gewerkschaften ersichtlich ist, nimmt der gesellschaftliche Einfluss der Arbeiterbewegung in Japan immer mehr ab und die Gewerkschaften treten als Akteure der Entwicklung des Arbeitsrechts in den Hintergrund. Daher ist es notwendig, die weitere Entwicklung der Arbeiterbewegung in Hinblick auf die Entwicklung des Arbeitsrechtes mit großer Aufmerksamkeit zu verfolgen.

(4) In der Praxis orientieren sich die Juristen an den richterrechtlichen Grundsätzen, die als „existierendes Recht“ angesehen werden, unabhängig davon, ob dies gut oder schlecht ist.

Allerdings muss die Geltung der richterrechtlichen Grundsätze immer wieder vor dem Hintergrund der vorherrschenden Meinungen in Bezug auf die Anstellungsverhältnisse und Änderungen in der Beschäftigungssituation neu überdacht werden. Dazu werden sowohl Kritik als auch Vorschläge von Seiten der Rechtswissenschaft zu Rate gezogen.

Das heißt, dass für die Entwicklung des Arbeitsrechtes ein Spannungsverhältnis zwischen Theorie und Praxis sowie die gegenseitige Kritik und Diskussionen zwischen Wissenschaftlern und Praktikern notwendig sind.

(5) Ein Teil der höchstrichterlichen Rechtsprechung wurde als Neuformulierung der richterrechtlichen Grundsätze im Arbeitsvertragsgesetz (2007) festgeschrieben. Das Arbeitsvertragsgesetz wird zwar als Gesetz über Recht und Pflicht bezüglich Entstehung, Umsetzung und Beendigung eines Arbeitsvertrags definiert, bisher gibt es aber nur wenige Aspekte (wie z.B. Kündigung, Disziplinarmaßnahmen und Entsendung), die gesetzlich klar festgelegt sind. Daher stellt der Ausbau des Arbeitsvertragsgesetzes eine wichtige legislative Aufgabe dar.

4. Gesetzgebungsprozess im Arbeitsrecht

Der Gesetzgebungsprozess im Arbeitsrecht setzt Beratungen und Vorschläge der triparitätischen Beratungskommission für Arbeitspolitik, die dem Arbeitsministerium angegliedert ist, voraus. Basierend auf diesen Vorschlägen reicht die Regierung beim Parlament neue Gesetzentwürfe ein. In den meisten Fällen werden diese auch verabschiedet, weil sie im Parlament als Konsens zwischen den drei beteiligten Parteien angesehen werden. Es kommt vor, dass der Gesetzentwurf im Parlament nachgebessert wird, selten aber ist, dass er grundsätzlich korrigiert wird.

In der Diskussion der Beratungskommission entstehen oft Interessenkonflikte der Sozialpartner, die dann durch Verhandlungen gelöst werden. Deshalb werden nur Gesetzentwürfe vorgeschlagen, bei denen sich die Sozialpartner einig sind. Aus diesem Grund kann es nicht zu tiefgreifenden Reformen des Arbeitsrechts kommen. (In letzter Zeit gab es zwischen Arbeitgeber- und Arbeitnehmerseite heftigen Streit über befristete Arbeitsverträge.) Das ist das gegenwärtige Problem beim Gesetzgebungsprozess des Arbeitsrechts in Japan.

5. Ausbildung im Arbeitsrecht und juristische Qualifikation

(1) Das Arbeitsrecht ist weder Pflichtfach in den Law Schools, die seit 2004 die Fachausbildung für den Erwerb der juristischen Qualifikationen anbieten, noch Pflichtthema beim juristischen Staatsexamen.

Da aber Arbeitsrechtsstreitigkeiten als wichtige gesellschaftliche Probleme wahrgenommen werden und Streitigkeiten zwischen den Sozialpartnern tatsächlich zunehmen, stieg in den Law Schools das Interesse am Arbeitsrecht und immer mehr Studenten belegen Arbeitsrecht als Wahlfach. Auch beim Staatsexamen wird das Arbeitsrecht anderen Wahlfächern vorgezogen.

(2) Den Rechtsanwälten werden von Anwaltsverbänden regelmäßig Ausbildungsprogramme bezüglich der Arbeitsrechtspraxis angeboten. Angesichts der steigenden Fallzahlen der Arbeitssachen in den letzten Jahren nehmen deutlich mehr junge Rechtsanwälte an praktischen Fortbildungen auf diesem Gebiet teil.

6. Kenntnisgrad in Bezug auf Rechte und Rechtsbewusstsein als Grundlage der Rechtspraxis

(1) Kenntnis und Einsicht in Recht und Gesetz sowie die Schaffung eines Rechtsbewusstseins sind unerlässlich für ein lebendiges und funktionierendes Arbeitsrecht. Deshalb kann man formulieren: "Kein Rechtsbewusstsein, kein Recht". Da der größte Teil des Arbeitsrechts den Rechtsschutz der Arbeitnehmer betrifft, ist das Arbeitsrecht für die Arbeitnehmer ein totes Recht, wenn sie keine Kenntnisse über ihre Rechte erwerben und kein Rechtsbewusstsein gebildet wird.

Nach der Erhebung, die der japanischen öffentlich-rechtliche Fernsehsender (NHK) seit 1973 alle fünf Jahre zum Thema "Bewusstsein der Japaner" durchführt, wussten 1973 noch 39.4 % der Japaner, dass das in der Verfassung festgelegte Koalitionsrecht ein Volksrecht ist. Dieser Anteil sank 2008 sogar auf 21.8 %.

Bei der Umfrage, die das Forschungszentrum des Nationalcenters "Rengo" 2008 bei den Arbeitnehmern privater Unternehmen durchführte, stellte sich heraus, was diese als Arbeitnehmerrecht verstehen. 55.7% kannten z.B. das Recht auf Bildung neuer Gewerkschaften, 45.5% den Anspruch auf Erziehungsurlaub bis das Kinde ein Jahr alt ist, 50.1% den Anspruch auf Überstundenzuschläge, 64.3% den Anspruch auf mehr Lohn als den staatlich festgelegte Mindestlohn und 46.8% den Anspruch auf bezahlten Mindesturlaub von 10 Tagen pro Jahr.

(2) Der gegenwärtig niedrige Kenntnisgrad in Bezug auf Rechte und das schwache Rechtsbewusstsein ergeben sich aus diversen Faktoren wie etwa einer individualistischen und marktorientierten Einstellung, wettbewerbsbedingtem Solidaritätsverlust der Arbeitnehmer, dem schwindenden Einfluss der Gewerkschaften und dem ausgeprägten Ressentiment der Arbeitgeber gegen die Arbeitnehmerrechte.

Daher ist es unerlässlich, den Rechtsunterricht in der Oberschule einzuführen oder Rechtserziehung von Seiten der Verwaltung anzubieten. So könnten die Bürger die arbeitsbezogenen Regelungen und die Grundrechte der Arbeitnehmer besser verstehen.

7. Die Rolle des Rechtsanwalts

(1) Die Rolle des Rechtsanwalts, der sich als Jurist mit der Praxis des Arbeitsrechts befasst, liegt darin, als juristischer Praktiker die betroffenen Parteien Arbeitnehmer, Arbeitgeber und Gewerkschaften bei juristischen Problemen, die sich aus dem Beschäftigungsverhältnis ergeben, zu beraten. Dadurch soll er dazu beitragen, dass das Arbeitsrecht eine angemessene Anwendung findet, und versuchen, Streitigkeiten zwischen den Sozialpartnern gar nicht erst aufkommen zu lassen. Sollten jedoch Streitigkeiten entstehen, soll er als Vertreter bei Verhandlungen oder vor Gericht zur Lösung der Streitigkeiten beitragen.

(2) Bei Arbeitssachen vertreten die Rechtsanwälte entweder die Interessen der Arbeitnehmer oder der Arbeitgeber. Die meisten Rechtsanwälte, die für Arbeitnehmer arbeiten, gehören zur Labour Lawyers Association of Japan, während der größte Teil der Rechtsanwälte, die für Arbeitgeber tätig sind, Mitglieder des Management Lawyers Council sind.

Die Rechtsanwälte der Arbeitnehmer betrachten die Streitigkeiten der Sozialpartner aus der Sicht des Rechtsschutzes für Arbeitnehmer und aus der Sicht der Gewerkschaften, während die Rechtsanwälte der Arbeitgeber sie vom Standpunkt des Risikomanagements der Unternehmen betrachten. Zwischen ihnen entsteht ein grundsätzlicher Unterschied bezüglich der Praktiken des Arbeitsrechtes. Dennoch werden bei vielen Fällen die Interessenkonflikte zwischen Arbeitnehmern und Gewerkschaften zum einen und Arbeitgebern zum anderen durch Verhandlungen oder einen gerichtlichen Vergleich ausgeglichen. Selbstverständlich gab es Arbeitsrechtsstreitigkeiten, die sich angesichts harter Auseinandersetzungen lange hingezogen haben. Zum Beispiel wurde der Streit über die Massenkündigung, bedingt durch die Privatisierung der ehemaligen Staatsbahn 1997, erst nach 23 Jahren abgeschlossen.

(3) Ich habe gehört, dass Rechtsanwälte in Deutschland von Gewerkschaften als Mitarbeiter eingestellt werden, oder an den kollektiven Verhandlungen über die Arbeitsbedingungen teilnehmen und den Tarifvertrag mitentwerfen. Solche Fälle gibt es in Japan nicht. Die Rechtsanwälte bleiben außerhalb der Gewerkschaften und fungieren ausschließlich als Rechtsberater oder vertreten ihre Klienten bei kollektiven Arbeitsrechtstreitigkeiten.

Wie oben erwähnt, sinken in Japan die Fälle kollektiver Streitigkeiten zwischen Arbeitgeber und Arbeitnehmer. Daher kommt es nur selten vor, dass die Rechtsanwälte auf diesem Gebiet tätig werden.

(4) Die Rechtsanwälte lernen die arbeitsrechtlichen Probleme und die Geltung der richterrechtlichen

Grundsätze erst dann faktisch kennen, wenn sie an einem solchen Fall arbeiten. Auf Grundlage der praktischen Erfahrung, die die Rechtsanwälte einbringen, bringt die Labour Lawyers Association of Japan aktive Vorschläge zur Arbeitsgesetzgebung ein (in den letzten Jahren vor allem für das Arbeitsvertragsgesetz, das Arbeitnehmer-Überlassungsgesetz und das Arbeitsvertragsgesetz bei befristeter Beschäftigung).

Die Praxis des Arbeitsrechts – Akteure und Rechtsentwicklung

Professor Franz Josef Düwell, VRi BAG a.D., Universität Konstanz

1. Arbeitsrecht und Methodenlehre

1.1 Trend zum Richterrecht

Das Arbeitsrecht entsteht aus dem Zusammenwirken von weltanschaulichen Vorverständnissen, den Machtkonstellationen der Normsetzer in der jeweiligen Gesellschaft sowie den realen und kulturellen Vorgegebenheiten. Diese treten in Form von geschichtlicher Entwicklung, religiösen Überzeugungen, Technologie, Wissenschaft und Wirtschaft als Wirkungskräfte auf. Die rasante Veränderungsgeschwindigkeit führt dazu, dass der demokratische Gesetzgeber seiner Regelungsaufgabe nur unvollkommen nachkommen kann. So bestehen für die Beantwortung vieler Rechtsfragen gerade im Arbeitsrecht Lücken im Recht, die gezwungener Maßen die Rechtsprechung füllen muss. Der „demokratische Rechtsstaat" tendiert deshalb zum Richterstaat.[1] Folglich findet der Kampf ums Recht nicht nur im Parlament sondern auch vor den Gerichten statt. Das Richterrecht war[2] und bleibt unser Schicksal.[3]

Das ist kein spezifisch deutsches Problem. Der Gesetzgeber nimmt weltweit seine untergeordnete Rolle im Arbeitsrecht häufig bewusst auf sich. Dieser Aspekt ist in der US-amerikanischen Forschung als „legislative deferral" bezeichnet worden.[4] Deshalb resultiert gerichtliche Macht nicht nur daraus, dass Richter ihre Kompetenz aktiv zu erweitern suchen. Sie erwächst auch daraus, dass die gesetzgebenden Akteure ihre Regulierungsmacht an die Gerichte delegieren. Das Arbeitsrecht ist ein Politikfeld mit hoher Konfliktintensität. Da in parlamentarischen Demokratien arbeitsrechtlichen Fragen wahlentscheidende Bedeutung zu kommen, neigen die politischen Parteien dazu, sich ihrer gegenüber den

---

1 *Rüthers*, Wozu auch noch Methodenlehre? JuS 2011, 865-870.

2 *Gamillscheg*, 50 Jahre deutsches Arbeitsrecht im Spiegel einer Festschrift, RdA 2005, 79-88.

3 *Rüthers*, Wozu auch noch Methodenlehre? Jus 2011, 865-870.

4 Lovell, George I., 2003: Legislative Deferrals. Statutory Ambiguity, Judicial Power, and American Democracy. Cambridge, Cambridge University Press.

Wählern bestehenden Rechenschaftspflicht zu entledigen. Dazu werden zwei Varianten genutzt:

- Untätigkeit und Abwälzen der Verantwortung auf die Rechtsprechung oder
- Abwarten und spätere konfliktlose Übernahme der Ergebnisse der Rechtsprechung.

1.1.1. Gezielte Untätigkeit des Gesetzgebers

Für die Strategie des Abwälzens der Probleme bietet das Scheitern der Gesetzgebung für ein Arbeitsvertragsgesetz ein beredtes Beispiel: Bei der im Jahr 2004 stattfindenden Jubiläumsfeier zum 50. Jahrestag der Errichtung des Bundesarbeitsgerichts wurde die Forderung der Richterschaft zumindest nach einer Kodifikation des Arbeitsvertragsrechts erneuert. Der damals das Grußwort der Bundesregierung sprechende Bundesarbeitsminister Clement verweigerte jedes Eingehen auf diese Anfrage.[5] Die Kölner Professoren Dr. Martin Henssler und Dr. Ulrich Preis legten unterstützt durch die Bertelsmann Stiftung 2007 einen Diskussionsentwurf[6] vor, der den auf zahlreiche Einzelgesetze zersplitterten aktuellen Rechtsstand möglichst ausgewogen und trotzdem einfach wiedergeben soll. Der Entwurf erhielt den Preis für „gute Gesetzgebung“. 2008 nahm der sozialdemokratische Bundesarbeitsminister Scholz positiv Stellung. Ein derartig transparentes Gesetz biete die Chance, dass Betriebe und Arbeitnehmer gleichermaßen leichter mit dem Arbeitsrecht umgehen könnten.[7] Da er es sich aber mit keinem der beiden arbeitsrechtlichen Lager verderben wollte, macht er die Einschränkung: „*Sollten sich Arbeitgeber und Gewerkschaften gemeinsam hinter einen solchen Ansatz stellen, bin ich bereit, das in den Bundestag einzubringen*“. Da Arbeitgeber und Gewerkschaften fürchteten, dass sich die Rechtslage zu ihren Lasten verschieben könnte, kam es nicht zu einer Einbringung des Entwurfs in die gesetzgebenden Körperschaften.

---

5 *Clement*, Wolfgang, 2004: Ansprache, in: Bundesarbeitsgericht (Hg.): Festakt aus Anlass des 50. Jahrestages der Errichtung des Bundesarbeitsgerichts. Erfurt, o.V.: 13-22.

6 http://www.bertelsmann-stiftung.de/cps/rde/xchg/SID-0764F98F-36891702/bst/hs.xsl/52988_53021.htm Aufruf 05.08.2012

7 Handelsblatt vom 06.03.2008 unter http://www.handelsblatt.com/politik/deutschland/reformplaene-scholz-wuenscht-sich-einfacheres-arbeitsrecht/2930838.html Aufruf 05.08.2012

1.1.2. Strategie des Abwartens des Gesetzgebers

Die Entwicklung des Betriebsübergangsrechts zeigt beispielhaft auf, wie der Gesetzgeber die Beantwortung einer kontroversen Rechtsfrage zunächst den Gerichten überlässt und dann, wenn sich der Konflikt entschärft hat, sich partiell diese Ergebnisse aneignet. Im Rahmen der Novellierung des Betriebsverfassungsgesetzes (§ 122 Betriebsverfassungsgesetz - BetrVG) ist 1972 als Reaktion auf die sich ab Ende der 1960er Jahre häufende Zahl der Betriebsveräußerungen das Betriebsübergangsrecht entstanden. Es beinhaltet vor allem den die Arbeitnehmer schützenden Grundsatz: Wenn ein Betrieb an einen Dritten rechtsgeschäftlich übertragen wird, dann tritt der Dritte automatisch in das Arbeitsverhältnis ein. Dieser Grundsatz ist unter § 613a Abs. 1 bis 3 in das Bürgerliche Gesetzbuch (BGB) aufgenommen worden. Bietet jedoch der den Betrieb übernehmende Dritte keine Aussicht auf eine gute Zukunft, kann sich die Schutzwirkung der Norm in das Gegenteil verwandeln. Außerdem greift der zwangsweise Übergang in die Freiheit des Arbeitnehmers ein, den Vertragspartner selbst zu wählen. Diese ist in § 613 Satz 2 BGB einfachgesetzlich und durch Art. 12 des Grundgesetzes (GG) verfassungsrechtlich garantiert. Aus diesen Gründen hat der Fünfte Senat des BAG bereits 1974 erkannt: „Wird ein Betriebsteil durch Rechtsgeschäft auf einen anderen Inhaber übertragen, so schließt der Widerspruch eines in diesem Betriebsteil beschäftigten Arbeitnehmers den Übergang des Arbeitsverhältnisses auf den Erwerber aus. In einem solchen Fall bleibt das Arbeitsverhältnis zu dem Veräußerer bestehen."[8] Diese Rechtsfortbildung traf auf heftigen Widerstand im Arbeitgeberlager.[9] Bei der 1980 europarechtlich notwendigen Erweiterung des Betriebsübergangsrechts durch Aufnahme des Verbots der Kündigung „wegen des Betriebsübergangs" (§ 613a Abs. 4 BGB) in Umsetzung der Europäischen Betriebsübergangsrichtlinie[10] zögerte der Gesetzgeber, das Widerspruchsrecht in das BGB aufzunehmen. Erst als das richter-

8 BAG 02.10.1974 - 5 AZR 504/73 - NJW 1975, 1378

9 Hess, Gesetzlicher Übergang des Arbeitsverhältnisses bei Betriebsveräußerung nur mit Einwilligung des Arbeitnehmers?, BB 1977, 501-502.

10 Betriebsübergangs-Richtlinie 77/187/EWG vom 14.2.1977 (RL zur Angleichung der Rechtsvorschriften der Mitgliedstaaten über die Wahrung von Ansprüchen der AN beim Übergang von Unternehmen, Betrieben und Betriebsteilen - Betriebsübergangs-RL), geändert im Rahmen der EG-RL 98/50 v. 29.6.1998,6 ohne wesentliche Änderungen neu kodifiziert in der RL 2001/23/EG v. 12.3.20027 (RL zur Angleichung der Rechtsvorschriften der Mitgliedstaaten über die Wahrung von Ansprüchen der AN beim Übergang von Unternehmen, oder Betrieben oder Unternehmens- oder Betriebsteilen).

rechtliche Widerspruchsrecht vom EuGH mehrfach bestätigt worden war[11] und sich das Richterrecht 30 Jahre (!) bewährt hatte, konnte es konfliktfrei gesetzlich festgeschrieben werden. Die Ergänzung um die Unterrichtungspflicht (§ 613a Abs. 5 BGB) der am Übergang beteiligten Unternehmen sowie hinsichtlich des Ob und Wie des Widerspruchsrechts (§ 613a Abs. 6 BGB) erfolgte im Art. 4 des Gesetzes zur Änderung des Seemannsgesetzes und anderer Gesetze vom 23.3.2004, einem Gesetz, dessen Titel man nicht ansieht, dass dort das Betriebsübergangsrecht geregelt wird.

1.2. Methodenlehre und Gesetzesbindung

1.2.1. Auslegung

Alle Rechtsinterpretationen basieren auf einem zielgerichteten hermeneutisch-methodischen Vorgehen.[12] Wir unterscheiden:

1. Das Ziel der Auslegung ist die Ermittlung und Verwirklichung der Normzwecke der Gesetzgebung.

2. Die Mittel der Auslegung sind folgende Auslegungsmethoden:

(a) Die logisch-grammatische Auslegung: Ausgehend vom Wortlaut wird der semantisch mögliche Wortsinn ermittelt.

(b) Die historische (oder auch genetische oder subjektive) Auslegung: Sie prüft anhand der Gesetzesmaterialien, ob der semantisch naheliegende Wortsinn den gesetzgeberischen Willen zutreffend wiedergibt, oder ob der Gesetzgeber sich in der Wortwahl „vergriffen" hat (sogenanntes „Redaktionsversehen"). Hierbei ist davon auszugehen, dass ein Gesetzgebungsorgan, das bei der Beratung und Beschlussfassung über ein Gesetz keine eigenen Zielvorstellungen zum Gesetz insgesamt bzw. zu seinen einzelnen Normen entwickelt, denjenigen Sinn akzeptiert, den die Gesetzesreferenten dem von ihnen erarbeiteten Text mit auf den Weg gegeben und den sie in der Gesetzesbegründung (den „Motiven") niedergelegt haben (sog. "Paktentheorie").

---

11 EuGH 16.12.1992 C-132/91, C-138/91, C-139/91, NZA 1993, 169; EuGH 07.03.1996 C-171/94 und C-172/94, C-171/94, C-172/94, NZA 1996, 413.

12 Rüthers/Fischer/Birk, Rechtstheorie, 6. Aufl. 2011, Rdnr. 655 ff.

(c) Die systematische Auslegung: Sie fügt alle Normen, die einen bestimmten Sachverhalt betreffen, zu einem möglichst widerspruchsfreien, kohärenten Sinnganzen zusammen.

(d) Die objektiv-teleologische Auslegung nach dem Gesetzeszweck („ratio legis"): Sie vermeidet widersinnige (d.h. mit dem Gesetzeszweck unvereinbare) Folgen durch „teleologische Extension" oder „teleologische Reduktion".

Von Vertretern der rechtsstaatlichen Methodenlehre wird die objektiv-teleologische Auslegungsmethode als „eine neue Sinngebung durch den Interpreten" angegriffen. Sie sei keine „objektive Auslegung" des Interpreten sondern „seine subjektive Einlegung".[13] Richtiger Ansatz dieser Kritik ist: Wenn der „Geist des Gesetzes" beschworen wird, erscheint regelmäßig nur der Wille des jeweiligen Beschwörers (Rechtsanwenders).[14] Der auch als Jurist tätige Dichter Goethe wusste schon: „Im Auslegen seid frisch und munter! Legt ihr's nicht aus, so legt was unter."[15] Methodenehrlichkeit verpflichtet den Richter davon abzusehen, etwas als „Auslegung" mit Scheinargumenten zu tarnen, was in Wahrheit richterliche Normsetzung ist.[16] Das ist ein Gebot, das besonders der deutschen Rechtsgeschichte geschuldet ist. Haben doch deutsche Juristen in den 70 Jahren zwischen 1919 und 1989 fünf unterschiedliche Verfassungs- und Rechtsordnungen, darunter die des NS- und des SED Regimes, durch ihre Tätigkeit in Justiz, Verwaltung und Rechtswissenschaft maßgeblich gestaltet. Dabei haben sie immer wieder zum Mittel der unbegrenzten Auslegung gegriffen.[17]

1.2.2. Rechtsfortbildung

Weitere Methode der Rechtsanwendung ist die richterliche Rechtsfortbildung. Sie ist als „Ersatzgesetzgebung" geboten, wenn der historische Normzweck im Anwendungszeitpunkt nicht mehr gilt oder sich die dem Gesetz zugrunde liegende Sach- oder Rechtslage grundlegend verändert hat. Die richterliche Entscheidung muss auf rationaler Argumentation beruhen. Mit ihr muss einsichtig gemacht werden können, dass das geschriebene Gesetz seine Funktion, ein

13 *Rüthers*, Wozu auch noch Methodenlehre? JuS 2011, 865-870

14 *Rüthers*, Wozu auch noch Methodenlehre? JuS 2011, 865-870

15 *JW Goethe*, Zahme Xenien II.

16 *Rüthers*, Wozu auch noch Methodenlehre? JuS 2011, 865-870

17 Vgl. *Rüthers*, Die unbegrenzte Auslegung, Zum Wandel der Privatrechtsordnung im Nationalsozialismus, Münster 1967.

Rechtsproblem gerecht zu lösen, nicht erfüllt. Die richterliche Entscheidung schließt dann diese Lücke nach den Maßstäben der praktischen Vernunft und den "fundierten allgemeinen Gerechtigkeitsvorstellungen der Gemeinschaft".[18]

Die Korrektur von Normzwecken der Gesetzgebung durch die Gerichte ist danach zulässig,

- wenn sich die tatsächlichen Grundlagen seit dem Erlass der gesetzlichen Regelung maßgeblich geändert haben,
- wenn die Regelungsziele der Gesetzgebung weggefallen sind oder
- wenn die geltenden Wertvorstellungen grundlegend andere geworden sind.

Bei jeder richterlichen Gesetzeskorrektur (Gesetzesabweichung) ist eine Abwägung erforderlich: Das Rechtssicherheitsinteresse der Betroffenen ist gegen die Bedürfnisse des Rechtsverkehrs, gegen Zweckmäßigkeits- und Gerechtigkeitsüberlegungen abzuwägen.

1.2.3. Methodenwahl

Heftig umstritten ist, ob eine „Freiheit der Methodenwahl" existiert. Ein ehemaliger Verfassungsrichter fasst sein Erfahrung so zusammen[19]: *„Mit der Wahl einer bestimmten Auslegungsmethode ist ...typischerweise auch ein bestimmtes Ergebnis gewählt, ein anderes abgewiesen; und wer ein Fach kennt, kann dies vorhersehen und strategisch einsetzen.*" Dieser aus richterlicher Erfahrung gespeisten Analyse tritt die Methodenlehre entgegen, Die darin zu Tage tretende methodische Beliebigkeit beseitige die Gesetzesbindung der Gerichte; die im Grundgesetz unter Art. 20 Abs. 3, Art. 97 Abs. 1 verankert ist.[20] Die Forderung nach Einhaltung der Gesetzesbindung löst jedoch das Interpretationsproblem nicht. Hilfreich ist nur ein Redlichkeitsgebot, das den Richter verpflichtet, alle Auslegungsmöglichkeiten und subjektiven Erwägungen offenzulegen. Es verbleibt nämlich stets ein nicht einschränkbares Maß an subjektiver Gestaltungsof-

---

18 BVerfG 14.02.1973 - 1 BvR 112/65 – „Soraya", NJW 1973, 1221.

19 *W. Hassemer*, Juristische Methodenlehre und richterliche Pragmatik, in: Rechtstheorie 39 (2008), S. 1 ff., 12.

20 *Rüthers*, Wozu auch noch Methodenlehre? JuS 2011, 865-870

fenheit. Rechtsinterpretationen sind nur „technisch“ mit der Rechtsnorm verbunden, weil sie sich per Sinngebung rückkoppeln lassen müssen. Der dafür erforderliche logisch-kognitive Vorgang der Subsumtion (Zuordnung eines Lebenssachverhaltes zu einer Rechtsnorm mit der entsprechenden Rechtsfolge) enthält zwangsläufig wertende, subjektive Elemente aus dem Horizont des Rechtsanwenders („Vorverständnis“). Somit kann es selbst bei Anwendung desselben Auslegungskanons kein einheitliches Ergebnis aller Rechtsanwender geben. Hinzu kommt eine bewusst eingeräumte Gestaltungsfreiheit, die aus einer in der Regelungstechnik der Gesetzgebung weitverbreiteten Übung entspringt, unbestimmte wertbezogene Rechtsbegriffe und Generalklauseln wie „billiges Ermessen“, „angemessen“ oder „sozial gerechtfertigt“ zu verwenden. Sie sind in Wirklichkeit „offen gelassene Stellen der Gesetzgebung“. Sie weisen die Aufgabe der „Konkretisierung“ den Gerichten zu. [21]

1.2.4. Überwachung der Gesetzesbindung

Der der Gewaltenteilungslehre Montesquieus zugrunde liegende Glaube daran, dass der Urteilsinhalt immer derselbe sei, gleichgültig, welcher Jurist ihn ausspreche, ist überholt. Deshalb bedarf es zur Verhinderung einer unbegrenzten Auslegung oder einer unzulässigen Ersatzgesetzgebung einer Methodenkontrolle. Diese wird zunächst durch den mehrgliedrigen Instanzenzug gewährleistet. Übergriffe können jedoch auch beim letztinstanzlich entscheidenden Gericht auftreten. Sie können nur durch Selbstbindung der Justiz vermieden werden; denn es gilt der Befund von Chief Justice Charles Evan Hughes vom US Supreme Court: "We are under a constitution, but the constitution is what the judges say it is."[22]

In Deutschland ist aus historisch begründetem Misstrauen gegen die interne Selbstkontrolle der Gerichte eine gesonderte, außerhalb der Fachgerichtsbarkeit stehende Überwachungsinstanz eingerichtet. Zur Überprüfung der Auslegung ist nach Art 93 Abs. 1 Nr. 4a GG das Bundesverfassungsgericht (BVerfG) berufen. Es kann von der unterlegenen Partei jedoch nur wegen Verletzung ihrer

---

21 *Rüthers*, Wozu auch noch Methodenlehre? JuS 2011, 865-870

22 Zitiert nach *Franz Jürgen Säcker*, Historische und methodische Grundlagen des Rechts, namentlich des Privatrechts http://www.luiss.it/erasmuslaw/germania/germania1.htm#IV Aufruf 27.07.2012.

Grundrechte angerufen werden. Personal- oder Betriebsräte können sich zwar für die Wahrung der Vereinigungsfreiheit der Beschäftigten einsetzen, ihnen selbst steht nach der Rechtsprechung des BVerfG „nach der Natur der Sache" kein eigenes Grundrecht zu.[23] Deshalb unterliegen die in Beschlussverfahren zu Ungunsten der Beschäftigtenvertretungen ergehenden Entscheidungen des BAG keiner Überprüfung.

Soweit Grundrechte der Arbeitgeber, Arbeitnehmer und ihrer freiwillig gebildeten Koalitionen betroffen sind, überprüft das BVerfG die Richtigkeit des Auslegungsergebnisses. Beispiel: Das BAG hat nach Ansicht des BVerfG das verfassungsrechtlich in Art. 4 Abs. 2 GG gewährleistete kirchliche Selbstbestimmungsrecht verletzt, weil es das in Art 9 Abs. 3 GG geregelte Koalitionsrecht dahin ausgelegt hat, es enthalte ein Recht für betriebsfremde Gewerkschaftsbeauftragte, kirchliche Einrichtungen zu betreten, um dort organisierte Belegschaftsmitglieder mit dem Ziel der Information und Werbung aufzusuchen.[24]

In jüngeren Entscheidungen prüft das BVerfG zusätzlich auch, ob das vom Gericht gefundene Auslegungsergebnis, mit „anerkannten Auslegungsmethoden" zu „rechtfertigen" ist.[25]

Insbesondere im Hinblick auf Überschreitungen der Grenzen der Rechtsfortbildung nimmt das BVerfG seine Aufgabe ernst: „Richterliche Rechtsfortbildung ist (nur dann) von Verfassungs wegen nicht zu beanstanden, wenn sie den er-

---

23 BVerfG 26.05.1970 – 2 BvR 311/67 –, BVerfGE 28, 314 daran anschließend: BVerfG 27.03.1979 – 2 BvR 1011/78 –, BVerfGE 51, 77; BVerfG 10.03.1992 – 1 BvR 454/91, 1 BvR 470/91, 1 BvR 602/91, 1 BvR 616/91, 1 BvR 905/91, 1 BvR 939/91, 1 BvR 940/91, 1 BvR 941/91, 1 BvR 942/91, 1 BvR 943/91, 1 BvR 944/91, 1 BvR 945/91, 1 BvR 946/91, 1 BvR 947/91, 1 BvR 948/91, 1 BvR 949/91, 1 BvR 950/91, 1 BvR 951/91, 1 BvR 952/91, 1 BvR 953/91, 1 BvR 954/91, 1 BvR 955/91, 1 BvR 957/91, 1 BvR 958/91, 1 BvR 959/91, 1 BvR 960/91, 1 BvR 961/91, 1 BvR 962/91, 1 BvR 963/91, 1 BvR 1128/91, 1 BvR 1315/91, 1 BvR 1316/91, 1 BvR 1317/91, 1 BvR 1318/91, 1 BvR 1453/91 –, BVerfGE 85, 360.

24 BVerfG 17.02.1981 - 2 BvR 384/78 - „Bethel" NJW 1981, 1829.

25 BVerfG 25.01.2011 - 1 BvR 918/10 - „Dreiteilungsmethode zur Berechnung des nachehelichen Unterhalts" , BVerfGE 128, 193, 210; BVerfG 24.05.1995 - 2 BvF 1/92 – „Einigungsstelle Schleswig-Holstein", BVerfGE 93, 37, 81.

kennbaren Willen des Gesetzgebers nicht beiseite schiebt und durch eine autark getroffene Interessenabwägung ersetzt."[26] Damit ist die Gesetzesbindung der Gerichte (Art. 20 Abs. 2 Grundgesetz) als unverrückbare Grenze der richterlichen Rechtsfortbildung gesetzt. Es wird also ausgeschlossen, „dass der Richter seine eigene materielle Gerechtigkeitsvorstellung an die Stelle derjenigen des Gesetzgebers setzt."[27] Deshalb hat das BVerfG mehrfach Rechtsfortbildungen des BAG beanstandet.

Beispiele:

Die im Wege der Lückenfüllung kraft Richterrechts vom BAG entwickelte vorrangige Einordnung von Abfindungen der Arbeitnehmer, die in Sozialplänen bei Betriebsstilllegungen vereinbart werden, hat das BVerfG unter Geltung der Konkursordnung als verfassungswidrig angesehen; denn es bestehe im geschlossenen System der Rangfolge der Konkursforderungen keine Lücke.[28]

Das Bundesarbeitsgericht hat das Grundrecht der Koalitionsfreiheit der Postgewerkschaft verletzt, indem es den vom Arbeitgeber angeordneten Einsatz von Beamten im bestreikten Betrieb als rechtmäßige Arbeitskampfmaßnahme betrachtet hat. Nach Auffassung des BVerfG hat das BAG den besonderen Charakter des Einsatzes hoheitlicher Mittel durch die Bundespost nicht ausreichend berücksichtigt. Die Zulässigkeit des Einsatzes von Beamten während eines Arbeitskampfes hätte eine positive gesetzliche Regelung vorausgesetzt.[29]

Allerdings stellt sich hier wieder das hermeneutische Problem, das so treffend Chief Justice Charles Evan Hughes benannt hat. Die „richtige" Auslegung, hängt nicht von der hierarchischen Stellung des Interpreten ab. Auch das BVerfG als höchste Instanz muss sich im demokratischen Rechtsstaat der fachöffentlichen Diskussion stellen.

---

26 BVerfG 11.07.2012 -1 BvR 3142/07, 1 BvR 1569/08 - DB 2012, 1618; BVerfG, 25.01.2011 - 1 BvR 918/10 - BVerfGE 128, 193, 210.

27 BVerfG 25.01.2011 -1 BvR 918/10 – „Dreiteilungsmethode zur Berechnung des nachehelichen Unterhalts" , BVerfGE 128, 193, 210.

28 BVerfG 19.10.1983 - 2 BvR 485/80, 2 BvR 486/80 - „Sozialplan Rangstelle 0", BVerfGE 65, 182-195.

29 BVerfG 02.03.1993 -1 BvR 1213/85- Beamteneinsatz bei Streik, BVerfGE 88, 103-117.

1.2.5. Im Streit: Frist für Vorbeschäftigungsverbot?

Unter der Regierung Kohl war 1985 und 1996 jeweils durch Beschäftigungsförderungsgesetze die Möglichkeit für Arbeitgeber erleichtert worden, Arbeitsverträge sachgrundlos zu befristen.[30] Zur Verhinderung von sachgrundlosen Kettenbefristungen wurde ein befristungsschädlicher Zusammenhang mit der Vorbeschäftigung angenommen, wenn ein Zeitraum von weniger als vier Monaten zwischen beiden Verträgen lag. Die Kanzler Kohl ablösende rot-grüne Koalition Schröder/Fischer hat im Wesentlichen dieses Recht übernommen: Sie hat es in das sei 2001 geltende Teilzeit- und Befristungsgesetz (TzBfG) überführt. Allerdings ist in § 14 Abs. 2 Satz 2 TzBfG ein anderes Anschlussverbot eingeführt worden, um sachgrundlose Kettenbefristungen auszuschließen. Danach ist eine sachgrundlose Befristung schon dann „nicht zulässig, wenn mit demselben Arbeitgeber bereits zuvor ein befristetes oder unbefristetes Arbeitsverhältnis bestanden hat." In der Rechtsprechung ist diese Vorbeschäftigungsregelung, so verstanden worden, es komme auf den zeitlichen Abstand zwischen dem früheren Arbeitsverhältnis und dem nunmehr ohne Sachgrund befristeten Arbeitsverhältnis grundsätzlich nicht an[31]. Dem stimmte das Schrifttum fast einhellig zu.[32] Überraschend hat der Siebte Senat des BAG am 6. April 2011 diese Auslegung aufgegeben.[33] Er geht nunmehr nicht von einer mit dem Wort „zuvor" zum Aus-

30 Einzelheiten vgl. unten 4.6.3

31 BAG 29.07.2009 - 7 AZN 368/09 - Rn. 2, EzTöD 100 TVöD-AT § 30 Abs. 1 Sachgrundlose Befristung Nr. 12; BAG 06.11.2003 - 2 AZR 690/02 - zu B I 3 der Gründe, BAGE 108, 269;

32 „absolutes" oder „lebenslanges" Anschlussverbot: so AnwK-ArbR/*Studt* 2. Aufl. Bd. 2 § 14 TzBfG Rn. 91; APS/*Backhaus* 3. Aufl. § 14 TzBfG Rn. 381; Arnold/Gräfl *Gräfl* TzBfG 2. Aufl. § 14 Rn. 256; *Dörner*, Der befristete Arbeitsvertrag 2. Aufl. Rn. 431 f.; Gräfl FS *Bauer* S. 375, 379 f.; HaKo/*Mestwerdt* 3. Aufl. § 14 TzBfG Rn. 168; Hk-TzBfG/*Boecken* 2. Aufl. § 14 Rn. 119; Holwe/Kossens/Pielenz/Räder TzBfG 3. Aufl. § 14 Rn. 118; HWK/*Schmalenberg* 4. Aufl. § 14 TzBfG Rn. 109; *Kliemt,* NZA 2001, 296, 300; KR/*Lipke* 9. Aufl. § 14 TzBfG Rn. 420; LS/*Schlachter* 2. Aufl. § 14 TzBfG Rn. 112; Meinel/Heyn/Herms 3. Aufl. TzBfG § 14 Rn. 154; MünchArbR/*Wank* 3. Aufl. § 95 Rn. 116; Rolfs TzBfG § 14 Rn. 75; Schaub/Koch ArbR-Hdb. 13. Aufl. § 39 Rn. 12; Schmalenberg NZA 2001, 938; Sievers TzBfG 3. Aufl. § 14 Rn. 390; kritisch zB Annuß/Thüsing/Maschmann TzBfG 2. Aufl. § 14 Rn. 78; *Hromadka,* BB 2001, 627; *Preis,* NZA 2005, 714, 715 f.; *Preis/Gotthardt*, DB 2000, 2065, 2072; vgl. auch dies. DB 2001, 145, 152; *Richardi/Annuß,* BB 2000, 2201, 2204; *Schiefer*, DB 2000, 2118, 2122; aA insbesondere mit näherer Begründung ErfK/*Müller-Glöge,* 11. Aufl. § 14 TzBfG Rn. 98 f.; *Löwisch*, BB 2001, 254; ebenso *Bauer,* BB 2001, 2473, 2475; *Osnabrügge,* NZA 2003, 639, 642; *Straub*, NZA 2001, 919, 926; *Persch,* ZTR 2010, 2.

33 BAG 06.04.2011 - 7 AZR 716/09 - NZA 2011, 905

druck gebrachten zeitlichen Abstandsregelung, sondern vom Zweck der Regelung aus. Wenn verhindert werden soll, dass die in § 14 Abs. 2 Satz 1 TzBfG vorgesehene Möglichkeit der sachgrundlosen Befristung zu "Befristungsketten" missbraucht wird, bedürfe es keines lebenslangen Anschlussverbots. Ein solches wäre vielmehr nach dem Normzweck überschießend. Eine die Berufsfreiheit nach Art. 12 Grundgesetz berücksichtigende "verfassungsorientierte Auslegung" gebiete vielmehr ein zeitlich eingeschränktes Verständnis des Verbots. Eine die Berufsfreiheit unverhältnismäßig beschränkende Folge müsse vermieden werden. Dazu sei das Vorbeschäftigungsverbot auf drei Jahre zu beschränken, weil diese Zeitspanne der regelmäßigen zivilrechtlichen Verjährungsfrist (§ 195 BGB) entspreche.

Diese Rechtsprechungsänderung ist auf heftige Kritik gestoßen. Prägnant bringen zwei Autoren ihre Einwände in ihren Aufsatzüberschriften zum Ausdruck: „Die Reform der sachgrundlosen Befristung durch das BAG - Arbeitsmarktpolitische Vernunft contra Gesetzestreue“[34] und „Der neue Trend im Befristungsrecht: Rechtsprechung ohne Gesetzesbindung“.[35] Demgegenüber wird die Entscheidung von Löwisch als noch zulässige Rechtsfortbildung verteidigt.[36] Die Gesetzesbindung sei nicht verletzt. Die Kritiker gingen zu Unrecht davon aus, dass das Bundesverfassungsgericht ein Primat für die subjektive Auslegungsmethode verlange. Vielmehr sei es im Konfliktfall zulässig, „den Willen des historischen Gesetzgebers objektiv-teleologischen Kriterien weichen zu lassen“. Die objektive Auslegung dürfe sich nur nicht „in Widerspruch zu dem klar geäußerten Willen des Gesetzgebers“ setzen.[37]

34 *Höpfner*, NZA 2011, 893

35 ArbR 2011, 447

36 *Löwisch*, Die „Zuvor“-Regelung des § 14 Abs. 2 Satz 2 TzBfG in neuer Sicht des BAG, SAE 2012, 31, 33

37 *Löwisch*, Die „Zuvor“-Regelung des § 14 Abs. 2 Satz 2 TzBfG in neuer Sicht des BAG, SAE 2012, 31, 33

2. Ewige Wiederkehr der Grundkonflikte

2.1. Permanenz der Wiederkehr

Professor Löwisch hat schon einen geschichtlichen Überblick gegeben. Zu Recht hat er den liberalen Ursprung des deutschen Arbeitsrechts hervorgehoben. Der Rückblick ist notwendig; denn es gibt keine geradlinig fortschreitende Rechtsevolution, sondern es herrscht die „Permanenz der Wiederkehr". Mayer-Maly hat diese als ein dominantes Muster der Rechtsentwicklung ausgemacht.[38] Rechtliche Deutungen treten mal in den Hintergrund und mal gewinnen sie erneut an Bedeutung. Im Arbeitsrecht sind das die jeweils zeitgebundenen Deutungen von Vertragsfreiheit und Arbeitnehmerschutz sowie von Individuum und Kollektiv. Sie erhalten in Permanenz unter den sich wandelnden gesellschaftlichen Bedingungen besondere zeitgebundene Ausprägungen.

2.2. Weimarer Antwort auf Asymmetrie und Vertragsfreiheit

Zur notwendigen Standortbestimmung gehört auch der Hinweis darauf, dass bereits bei der Entstehung des BGB die bürgerliche Vertragsfreiheit für das Recht der abhängigen Arbeit zwar als erforderlich, aber nicht als ausreichend angesehen wurde. Es gab heftige Kritik an der sozialpolitischen Rückständigkeit der Kodifikation. Die Sozialdemokraten (SPD) sprachen sich vor allem gegen das „sozial rückständige Dienstvertragsrecht" aus. Am 1. Juli 1896 beschloss der Deutsche Reichstag mit 222 Stimmen gegen die 48 Stimmen der SPD das BGB. Wegen der Unzulänglichkeit der Kodifikation beschloss der Reichstag zugleich eine Resolution, das Vertragsrecht der Arbeiter "bald thunlich einheitlich" zu regeln.[39] Zwar scheiterte auch in der Weimarer Republik das in Art. 157 Abs. 2 der Verfassung enthaltene Versprechen: „Das Reich schafft ein einheitliches Arbeitsrecht". Es kam jedoch zu Einzelgesetzen, die den beschränkten Horizont des individualistischen Vertragsrechts sprengten, wie zu dem Schwerbeschädigtengesetz, dem Betriebsrätegesetz und zu der Tarifvertragsverordnung. Sie

38 *Mayer-Maly*, Die Wiederkehr von Rechtsfiguren, Juristenzeitung 1971, Heft 26 S. 1-3. 1971

39 Stenographische Berichte über die Verhandlungen des Reichstags, IX. Legislaturperiode 1896 S. 3846

brachten für den Vertrauensmann, den Betriebsrat und die Gewerkschaft die dauerhafte rechtliche Anerkennung und schufen mit Betriebsvereinbarungen und Tarifverträgen das Instrument der kollektiven Verhandlungsmacht für die Arbeitnehmer. Mindestens ebenso bedeutsam war das kurz vor Ende der Weimarer Koalition noch zustande gekommene Arbeitsgerichtgesetz vom 23. Dezember 1926. Das neu entstandene kollektive Arbeitsrecht, die offen zu Tage getretenen Funktionsdefizite des bürgerlichen Dienstvertragsrechts und die ausstehende Kodifikation des Arbeitsrechts führten zur „Flucht" aus dem BGB. So wurde der Arbeitsrichter notgedrungen zur „beherrschenden Figur" des Arbeitsrechts[40], das sich als eigenständiges Sonderrecht der abhängigen Arbeit konstituierte. Die Grundlage für diese Emanzipation gelegt zu haben, ist vor allem Verdienst des sozialdemokratischen Mitglieds der Weimarer Nationalversammlung Hugo Sinsheimer. Er prägte auch sprachlich die Abkehr von der damaligen Begriffsbildung. Aus dem ständischen „Arbeiterrecht" wurde „Arbeitsrecht". Dieser neue Rechtsbegriff fand auch Eingang in den Verfassungstext.[41] Zu Recht gilt deshalb Hugo Sinsheimer - auch in Japan - als der Vater des deutschen Arbeitsrechts.[42] Sinzheimer erkannte, ein Arbeitnehmer, der um seinen Arbeitsplatz fürchten müsse, hat keine Wahl. Das Vertragsrecht spiegelt unter asymmetrischen Marktbedingungen nur Vertragsfreiheit vor. Diese heute als gestörte Vertragsparität bezeichnete Lage[43] kennzeichnet das Bonmot von Anatole France: *„Das Gesetz in seiner erhabenen Gleichheit verbietet es Reichen wie Armen, unter den Brücken zu schlafen, auf den Straßen zu betteln und Brot zu stehlen.*"[44]

Die im Lager der bürgerlichen Parteien stehenden Weimarer Arbeitsrechtler Hueck und Nipperdey teilten mit Sinzheimer die Auffassung von der Notwendigkeit eines Sonderrechts. Das drückten sie im Eingangssatz des von ihnen verfassten Lehrbuchs so aus: „§ 1: Das Arbeitsrecht ist das Sonderrecht des unselb-

---

40 So das berühmte dictum von *Gamillscheg*, AcP 164 (1964), 384, 388.

41 *Düwell*, Das Erbe von Weimar: Unser Arbeitsrecht und seine Gerichtsbarkeit, RdA 2010, 129, 131.

42 Vgl. die von Kaji Kubo verfasste Biographie, Hugo Sinzheimer - Vater des deutschen Arbeitsrechts, Köln 1995.

43 *Hönn*, Kompensation gestörter Vertragsparität, München 1982, vgl. auch BVerfG 19.10.1993 - 1 BvR 567/89, 1 BvR 1044/89 – „Bürgschaft Familienangehöriger", Rn 55: „Heute besteht weitgehende Einigkeit darüber, daß die Vertragsfreiheit nur im Falle eines annähernd ausgewogenen Kräfteverhältnisses der Partner als Mittel eines angemessenen Interessenausgleichs taugt und daß der Ausgleich gestörter Vertragsparität zu den Hauptaufgaben des geltenden Zivilrechts gehört (zuletzt Preis, Grundfragen der Vertragsgestaltung im Arbeitsrecht, 1993, S. 216 ff)".

44 *Anatole France*, Die rote Lilie, München 1925, S. 116

ständigen Arbeitnehmers".[45] Der Entstehungsgrund des Arbeitsrechts beruht danach darauf, dass ein Bedarf bestehe, das Marktversagen zu korrigieren, das sich aus der strukturellen Ungleichheit von Arbeitnehmern und Arbeitgebern bei Vertragsabschluss ergibt.[46] Das wichtigste Mittel zur Korrektur ist dabei der Tarifvertrag, der auf kollektiver Ebene das Marktgleichgewicht wieder herstellen soll. Je schwächer die Tarifbindung, desto mehr muss der Staat zur Korrektur des Marktversagens ausgleichend bis hin zur Festlegung von Mindestlöhnen tätig werden. [47]

3. Dogmatik und Sozialwissenschaften

3.1. Wechselwirkung: Recht und Wirklichkeit

Seit Roscoe Pound 1910 seinen berühmten Aufsatz[48] veröffentlicht hat, kennen wir den Unterschied zwischen „Law in the books and Law in action". Wir wissen um die Wechselwirkung von Rechtsordnung und sozialer Wirklichkeit. Recht ist ein Phänomen der gesellschaftlichen Wirklichkeit. Es wird durch soziale Verhaltensmuster und Zusammenhänge konstruiert. Es stabilisiert oder verändert bestehende Macht- und Herrschaftsverhältnisse. Wir wissen damit auch, dass das Arbeitsrecht nur ein Gestaltungsfaktor neben anderen sein kann, mit denen die Beziehungen von Arbeitgebern und Arbeitnehmern gestaltet werden. Eine mit den Methoden der empirischen Sozialforschung arbeitende Arbeitsrechtssoziologie hat sich in Deutschland – von Sinzheimer in der Weimarer Republik und wenigen Einzelprojekten in den 1970er Jahren abgesehen – bislang an den Universitäten nicht etabliert. Es dominiert die dogmatisch ausgerichtete Arbeitsrechtswissenschaft.

---

45 *Hueck / Nipperdey*, Lehrbuch des Arbeitsrechts, 1928

46 In jüngster Zeit: *Peter Hanau*, in Festschrift für Kempen, „Das Gesetz zur Verhinderung von Mindestarbeitsbedingungen – und danach" Frankfurt 2013.

47 *Peter Hanau*, in Festschrift für Kempen, „Das Gesetz zur Verhinderung von Mindestarbeitsbedingungen – und danach" Frankfurt 2013.

48 American Law Review, Jg. 44, 1910

3.2. Stellenwert der Sozialwissenschaften

In den 1970er Jahren wurde an den Universitäten die politische Steuerung der Gesellschaft durch das Recht thematisiert. Einige Universitäten, insbesondere Bielefeld, erprobten eine die Sozialwissenschaften integrierende Juristenausbildung. Diese konnte sich jedoch nicht gegen das klassische Modell des dogmatisch ausgebildeten Juristen durchzusetzen. Die Rechtssoziologie ist, wenn überhaupt, nur als Grenzwissenschaft den juristischen Fachbereichen institutionell angegliedert. Sie hat anders als in der anglo-amerikanischen akademischen Diskussion einen niedrigen Stellenwert.

4. Die Akteure im Arbeitsrecht

4.1. Lagertheorie

Entsteht ein Interessenkonflikt und enthält eine Rechtsnorm für dessen Lösung Relevanz, so gruppieren sich Koalitionen von Befürwortern oder Gegnern. Das Recht gewinnt so strukturierende Kraft.49 Diese ist nur weniger methodisch ausgerichtet, als die juristische Dogmatik annimmt. Es findet ein Meinungsbildungsprozess statt. Dieser spiegelt sich in der Rechtsfigur der herrschenden Meinung wider. Der im Arbeitsrecht zutage tretende Interessengegensatz zwischen Arbeitgeber und Arbeitnehmer schafft zwei konträre Lager: Die Arbeitgeber und die Arbeitnehmer. Beide haben sich in Verbänden organisiert und bemühen sich, für die Durchsetzung ihrer Interessen Bündnispartner zu gewinnen. Zu diesem Zweck geben sie auch Fachzeitschriften heraus, die durch zustimmende oder kritische Stellungnahmen zu Gerichtsentscheidungen und Gesetzesvorhaben die Fachöffentlichkeit beeinflussen. Ein weiteres Mittel der Meinungsbildung ist die Vergabe von Gutachteraufträgen. Angesichts der finanziell unzureichenden Ausstattung der Hochschulen, müssen sich diese sogar um die Einwerbung derartiger „Drittmittel" bemühen. Das verfestigt Kooperationsbeziehungen und birgt die Gefahr schleichender Abhängigkeit.

---

49 *Rehder*, Die Politik der Rechtsprechung - Der Beitrag des Bundesarbeitsgerichts zum Werden und Wandel des deutschen Kapitalismus, Habilitationsschrift, Münster 2011, S. 55 ff.

4.2. Arbeitgeberverbände

Die Arbeitgeber werden vor allem durch ihre Spitzenvereinigung, die Bundesvereinigung der Deutschen Arbeitgeberverbände (BDA), repräsentiert. Die BDA ist gut mit den politischen Parteien, insbesondere den gegenwärtigen Regierungsparteien, vernetzt. Ihr Hauptgeschäftsführer war lange Zeit Abgeordneter, parlamentarischer Staatssekretär und ein führendes Mitglied der größten Fraktion im Bundestag. Er gab im Zusammenhang mit einer vom Nachrichtenmagazin Spiegel aufgedeckten Affäre sein Bundestagsmandat vor einigen Jahren auf.

Ein besonderes Instrument der Meinungsbildung ist das aufgrund einer Stiftung der Arbeitgeberverbände gegründete Zentrum für Arbeitsbeziehungen und Arbeitsrecht (ZAAR) an der Universität München. Es nahm seine Arbeit im Januar 2004 auf und hat drei Abteilungen: I „Deutsches Arbeitsrecht und Beschäftigung“, II „Europäisches und Internationales Arbeitsrecht sowie Systemvergleich“ und III „Sozialversicherungsrecht“.

4.3. Gewerkschaften

4.3.1. Gewerkschaftsstrukturen

Die Mitglieder stärksten Arbeitnehmervereinigungen sind die nach dem Industrieverbandsprinzip organisierten Gewerkschaften. Diese haben sich im Deutschen Gewerkschaftsbund (DGB) als Spitzenorganisation zusammengeschlossen. Daneben bestehen Spartengewerkschaften vor allem der Lokomotivführer, der Ärzte, des fliegenden Personals, des Kabinenpersonals und der Fluglotsen sowie eine Reihe von kleineren christlichen Gewerkschaften.

Im Zuge der Hartz-Gesetze wurde in § 9 Nr. 2 des Arbeitnehmerüberlassungsgesetzes (AÜG) eine tarifliche Öffnungsklausel geschaffen. Diese ließ ein Abweichen vom Verschlechterungsverbot (sogenannter „Equal - Pay - Grundsatz“) zu. Das war der Startschuss dafür, dass Mitgliedsgewerkschaften des Christlichen

Gewerkschaftsbundes Deutschlands (CGB) die Tarifgemeinschaft Christlicher Gewerkschaften für Zeitarbeit und Personalserviceagenturen (CGZP) am 11.11.2002 gründeten. Da die CGZP äußerst niedrige Haustarifverträge („Billigtarifverträge") abschloss, war deren Status als tariffähige Spitzenvereinigung bald umstritten. Auf Antrag der Gewerkschaft Vereinigte Dienstleistungen (Ver.di) und der Berliner Arbeitssenatorin stellte das Bundesarbeitsgericht mit Beschluss vom 14.12.2010 die Tarifunfähigkeit dieser Vereinigung fest. Es fehlten die organisatorischen und satzungsmäßigen Voraussetzungen für die Tariffähigkeit einer Spitzenvereinigung nach § 2 Abs. 3 Tarifvertragsgesetz (TVG).[50] Für Verleiher, die auf unwirksame CGZP-Tarifverträge Bezug genommen haben, ist eine schwerwiegende Rechtsfolge eingetreten. Die Sozialversicherungen verlangen von ihnen die Nachzahlung von Beiträgen auf Grundlage von „Equal pay".[51] Zusätzlich haben Tausende von Leiharbeitnehmern Einzelklagen auf Lohnachzahlung bei den Gerichten für Arbeitssachen anhängig gemacht.

4.3.2. Forschungs- und Öffentlichkeitsarbeit

Unter Federführung des ersten DGB Vorsitzenden Hans Böckler war bereits im Jahr 1946 das Wirtschafts-Wissenschaftliche Institut (WWI) gegründet worden, Es sollte den Gewerkschaften mit eigenen wissenschaftlichen Untersuchungen dienen; denn ein funktionsfähiges Arbeitsrecht erfordert eine komplementäre Wirtschaftspolitik, die die Vollbeschäftigung zum Ziel hat. Nach dem Tod des ersten DGB Vorsitzenden hat die zu seinen Ehren gegründete Hans-Böckler-Stiftung die Trägerschaft übernommen. Diese hat das WWI in das Wirtschafts- und Sozialwissenschaftliche Institut (WSI) umgewidmet mit dem Auftrag: „*die soziale und wirtschaftliche Lage der ArbeitnehmerInnen und ihrer Familien im Berufs- und Lebenszusammenhang wissenschaftlich zu analysieren sowie politische Gestaltungsvorschläge zu bewerten und zu entwickeln*".[52] Die wirtschaftspolitische Aufgabe wird heute vom Institut für Makroökonomie und Konjunkturforschung (IMK) wahrgenommen. Neben externen Datenquellen greift das WSI auch auf eigene originäre Informationserhebungen zurück: das WSI-Tarifarchiv zu tarifvertraglichen Entgeltansprüchen, die Befragungen von Betriebs- und Personalräten zu betrieblichen Entwicklungen sowie die Befragun-

---

50 BAG 14.12.2010 - 1 ABR 19/10 - NZA 2011, 289

51 Pressemitteilung vom 18.03.2011

52 http://www.boeckler.de/wsi_5870.htm Aufruf 13.08.2012

gen von Beschäftigten zu ihren effektiven Arbeitseinkommen ("Lohnspiegel"). Hier wird eine Lücke in der Forschungslandschaft geschlossen.

4.3.3. Rechtsschutzorganisation

Da weit über 90 % aller Klagen bei den Arbeitsgerichten von Arbeitnehmern erhoben werden[53], haben die Gewerkschaften für ihre Mitglieder einen kostenfreien Rechtsschutz organisiert. Dieser schließt auch die Vertretung durch Rechtsschutzsekretäre oder Anwälte in allen Instanzen ein. Er gewährleistet die Möglichkeit der professionellen Prozessvertretung auch in den Fällen „geringer Streitwerte", an denen Anwälte aus Wirtschaftlichkeitserwägungen nicht interessiert sind[54].

4.4. Betriebs- und Personalräte

Die Personal- und Betriebsräte erhalten durch Wahlen die Stellung von anerkannten Interessenvertretungen. Sie üben die ihnen gesetzlich zugewiesenen Mitbestimmungsrechte bei personellen Einzelmaßnahmen und vor allem in sozialen Angelegenheiten aus. Sofern keine vorrangige tarifliche Regelung besteht, können sie auch Betriebs- und Dienstvereinbarungen abschließen. Zusätzlich wird ihnen in der Betriebs- und Dienstsstellenverfassung auch die Aufgabe zugewiesen, die Einhaltung des zu Gunsten der Beschäftigten bestehenden Arbeitsrechts zu überwachen. Sind jedoch nur unvollkommene „Hüter"[55] des geltenden Rechts; denn sie dürfen gegenüber dem Arbeitgeber die Verletzung der Rechte der Arbeitnehmer lediglich beanstanden. Sie dürfen weder die Individualrechte der Arbeitnehmer im Wege der Prozessstandschaft vor Gericht geltend machen noch im Streitfall das Bestehen dieser Rechte auch nur gerichtlich feststellen lassen.[56] Da die Personal- und Betriebsräte somit nach dem gegen-

---

53 *Perreng*, Fachanwalt Arbeitsrecht Editorial Heft 8/2012

54 Vgl unten 4.7.2

55 Vgl. *Plander*, Der Betriebsrat als Hüter des zwingenden Rechts, Baden-Baden 1982.

56 BAG 24.02.1987 - 1 ABR 73/84 - AP Nr. 28 zu § 80 BetrVG 1972; BAG 24.11.1987 - 1 ABR 57/86 - AP Nr. 31 zu § 87 BetrVG 1972 Lohngestaltung, zu B I 2 der Gründe, BAG 26.01.1988 - 1 ABR 18/86; BAG 17.10.1989 - 1 ABR 75/88 - AP Nr 53 zu § 112 BetrVG 1972

wärtigen Stand von Gesetzgebung[57] und Rechtsprechung nur die Befugnis haben, ihre eigenen kollektiven Beteiligungsrechte vor Gericht geltend zu machen, können sie sich für die Erfüllung von Individualrechten ihrer Belegschaft nur durch „kollektives Betteln" oder durch Öffentlichkeitsarbeit einsetzen. Arbeitskampfmaßnahmen sind untersagt.

4.5. Arbeitsrechtswissenschaft

4.5.1. 1919 Aufbruch ohne Umbruch

Nach 1919 wurden an allen Rechtsfakultäten Lehrstühle für Arbeitsrecht errichtet. Es herrschte die allgemeine Überzeugung vor, dass Arbeitsrecht sei kein Teilgebiet einer anderen Rechtsdisziplin, sondern "eine eigene Rechtsdisziplin", ein "Sonderrechtsgebiet". Dennoch gelang es von der gesamten arbeitsrechtlichen Avantgarde der Weimarer Republik bestehend aus Heinz Potthoff, Ernst Fraenkel, Franz Leopold Neumann, Otto Kahn-Freund nur „dem Vater des deutschen Arbeitsrechts" Hugo Sinzheimer zum Ordinarius berufen zu werden.[58] Die zahlreichen neuen Lehrstühle wurden überwiegend mit den alten Professoren des Kaiserreichs besetzt, die wie Erwin Jacobi und Arthur Nikisch mehr vom privatrechtlichen Denken geprägt waren. Es bildete sich mit Alfred Hueck und Hans Carl Nipperdey eine dritte Gruppe, die zwar ebenso wie Sinzheimer die Machtasymmetrie als Grundkonflikt des Arbeitsrechts anerkannte, aber stärker rechtsdogmatisch als rechtssoziologisch argumentierte und die Ordnungsfunktion der Tarifverträge betonte.

4.5.2. Wiederaufbau mit Hueck und Nipperdey

Nach der Befreiung vom nationalsozialistischen Unrechtsregime hätte mit dem Ende des Zweiten Weltkriegs eine Neuorientierung einsetzen können. Die Wiederbelebung des Tarifrechts in Anlehnung an die Weimarer Tradition war politisch geboten. Man konnte nur auf wenige Personen mit langjähriger Erfahrung

---

57 Andere Rechtslage in Österreich: Dort kann der Betriebsrat das Bestehen von umstrittenen Individualrechten der Beschäftigten gerichtlich feststellen lassen.

58 *Ramm*, Arbeitsrecht und Politik, 1966, Vorwort S. XI.

zurückgreifen. Otto Kahn-Freund, der bis März 1933 in Berlin als Arbeitsrichter wirkte, stieg nach seiner Emigration in Großbritannien zum führenden Arbeitsrechtler auf und erhielt wegen seiner Verdienste dort den Adelstitel „Sir". Dennoch wurde er nach der Befreiung von dem NS-Regime nicht zurückgeholt. Die epistemische Gemeinschaft der Arbeitsrechtswissenschaft blieb nach 1945 klein und konservativ. Sie wurde von Hueck und Nipperdey angeführt. Sie knüpften fast wortgleich an die alten Grundgedanken aus der Weimarer Zeit an.[59] So betonten Hueck und Nipperdey wieder die Asymmetrie zwischen Arbeit und Kapital unter Marktbedingungen, die das Arbeitsrecht als schützendes ‚Sonderrecht der Arbeitnehmer" begrenzen müsse. Allerdings teilten sie das Arbeitsrecht in einen privatrechtlichen Teil und in einen öffentlich-rechtlichen Teil auf. Dagegen hatte in der Weimarer Zeit Sinzheimer in Verfolgung der Theorie eines eigenständigen Sozialrechts[60] eingewandt, dass „bei solcher Teilung das eigentliche Wesen des Arbeitsrechts verloren ginge, dass sie wohl zu einer Sektion einer Leiche, nicht aber zur Erkenntnis einer lebendigen Einheit führe."[61]

4.5.3. Vernetzung von Lehre, Politik und Rechtsprechung

1954 wurde das Bundesarbeitsgericht errichtet und Nipperdey zum ersten Präsidenten ernannt. Es entstand eine eng vernetzte „Policy Community". Das gelang, weil Nipperdey zusätzlich zu seinem Präsidentenamt den damals wichtigsten universitären Arbeitsrechtslehrstuhl in Köln inne hatte, Herausgeber des den Markt beherrschenden Lehrbuchs war und wegen seiner freundschaftlichen Verbundenheit mit dem früheren Professorenkollegen Wilhelm Herschel, der als Ministerialdirektor Leiter der Abteilung Arbeitsrecht im Bonner Bundesarbeitsministerium war, den Kontakt zu Verbänden und Politik steuern konnte. Gleiches gelang dem vom Nipperdey zu seinem späteren Nachfolger erkorenen Vizepräsidenten Gerhard Müller.[62] Diese beiden verschafften in den von Konrad

---

59 *Rehder*, Die Politik der Rechtsprechung - Der Beitrag des Bundesarbeitsgerichts zum Werden und Wandel des deutschen Kapitalismus, Habilitationsschrift Münster 2011, S. 236ff.

60 Zum Begriffsinhalt vgl. Eichenhofer, Soziales Recht –Bemerkungen zur Begriffsgeschichte, Soziales Recht (SR) 2012,76-83.

61 *Sinzheimer*, Anwaltschaft und Arbeitsrecht, 1922, 1976 wieder veröffentlicht in: Otto Kahn-Freund und Thilo Ramm (Hg.) 1976: Hugo Sinzheimer. Arbeitsrecht und Rechtssoziologie. Gesammelte Aufsätze und Reden. Band 1. Frankfurt, Europäische Verlagsanstalt, S. 70, 72

62 *Rehder*, Rechtsprechung als Politik, aaO S. 195 ff.

Adenauer und Ludwig Erhardt regierten Zeitphasen des Wiederaufbaus und des Wirtschaftswunders den Tarifvertragsparteien eine sehr weitgehende Kompetenz zur kollektiven Ordnung des Arbeitslebens. So wurde in der Boom-Zeit, in der übertarifliche Entgelte anwuchsen, den Arbeitgebern unter Vorsitz des Präsidenten Nipperdey vom Bundesarbeitsgericht die Befugnis eingeräumt, arbeitsvertragliche Einheitsregelungen auch durch einen verschlechternden Tarifvertrag abzulösen.[63]

4.5.4. Das Arbeitsrecht als Lehrgebiet

Im sozialwissenschaftlichen Schrifttum wird angenommen, seit Ende der 60er Jahre nehme die Bedeutung des Arbeitsrechts als Lehrgebiet ab.[64] Zwar sei die Anzahl der Lehrstühle mit der Fakultas für Arbeitsrecht zahlenmäßig wegen der Expansion des Bildungssektors stark angestiegen, aber bei näherer Betrachtung sei die Bedeutung des Lehrgebiets geschrumpft. Die Zahlen sind unstrittig, umstritten ist nur deren Interpretation: 1968 gab es 27 Universitätsprofessuren mit einer Widmung für das Arbeitsrecht im Titel. 2009 wuchs die Zahl auf 96. Der Anteil eigenständiger Arbeitsrechtslehrstühle, die ausschließlich dem Arbeitsrecht gewidmet sind, ist von 23 auf 4 Prozent gesunken.[65] Dieser Vorgang wird als Schrumpfungsprozess gedeutet.[66] Er ist verbunden mit der Tendenz, das Arbeitsrecht mit dem Bürgerlichen Recht zu verknüpfen. 1968 machte diese Kombination nur 27 Prozent aus, 2009 ist sie auf fast 87 Prozent gestiegen.[67] In der Tat belegen diese Zahlen: Das akademisch gelehrte Arbeitsrecht hat sich wieder an das Bürgerliche Recht stärker angenähert. Ob jedoch damit auch ein Rückgang der Bedeutung des Arbeitsrechts verbunden ist, erscheint zweifelhaft. In der deutschen Hochschullandschaft ist nämlich ein allgemeiner Trend zu verzeichnen, Lehrstühle nicht auf ein Lehrgebiet zu beschränken, sondern möglichst „breit" auszurichten. Deshalb lässt das starke Anwachsen der Lehrstühle mit Verknüpfung zum Bürgerlichen Recht nur die Tendenz erkennen, der Verknüpfung des Arbeitsrechts mit dem Bürgerlichen Recht den Vorrang vor den Bezügen zu dem Sozialrecht und öffentlichen Arbeitsschutzrecht zu geben.

---

63 BAG 20.12.1957 -1 AZR 87/57- AP Art.44 Truppenvertrag Nr.11; dem folgend: BAG 04.02.1960- 5 AZR72/58 – AP TVG § 4 Günstigkeitsprinzip Nr.7.

64 *Rehder*, Habilitation, aaO S. 324

65 *Rehder*, Habilitation, aaO S. 324

66 *Rehder*, Habilitation, aaO S. 324

67 *Rehder*, Habilitation, aaO S. 324

4.6. Arbeitsrechtspolitik

4.6.1. Zurückhaltung der Regierungsparteien

Die politischen Parteien der Mitte sind als Volksparteien darauf angewiesen, Arbeitgeber- und Arbeitnehmer zu integrieren. Sie scheuen daher insbesondere nach der Halbzeit der Wahlperiode alle Reizthemen. Die Neigung zur Immobilität wird durch die Bindung an Koalitionsverträge verstärkt. Die Fraktionen legen sich bereits bei Beginn der Legislaturperiode fest. Grundlagen sind keine fachlichen Problemanalysen, sondern ideologische Versatzstücke aus den Parteiprogrammen. Das lässt nur zwei Optionen zu: Entweder inhaltsleere Formelkompromisse, die zur gegenseitigen Blockade im Koalitionsausschuss führen, oder millimetergenaues Abstecken des Spielraums.[68] Bei dieser Verfahrensweise ist es kein Wunder, dass die Lösung von konfliktträchtigen arbeitsrechtlichen Problemlagen verschoben wird. Was bei Abschluss des Koalitionsvertrags noch nicht spruchreif war, muss auf den Gesetzgeber der nächsten Legislaturperiode warten. Dazu folgende zwei Beispiele:

Die Behindertenrechtskonvention der Vereinten Nationen von 2006 wurde am 24.02.2009 ratifiziert.[69] Der von der Bundesregierung aufgestellte Nationale Aktionsplan zur Umsetzung[70] erkennt zwar auch gesetzgeberischen Umsetzungsbedarf an. Er bezeichnet aber das Tätigwerden, ohne irgendwelche Vorarbeiten anzustoßen, als Aufgabe der nächsten Legislaturperiode.

Das deutsche Mindesturlaubsgesetz (§ 7 Abs. 3 Satz 2 und 3 Bundesurlaubsgesetz – BUrlG) enthält für den Fall der fehlenden Möglichkeit, aus personenbedingten Gründen den Urlaub zu nehmen, die Übertragung des Anspruchs auf das Folgejahr, begrenzt jedoch die Möglichkeit der Inanspruchnahme auf das erste Quartal. Der übertragene Urlaub ist also spätestens bis zum 31.03. des Folgejahres zu nehmen. Wenn er bis dahin nicht genommen werden kann – gleich aus welchen Gründen – verfällt er. Der EuGH hat in der Sache Schultz-Hoff eine derartige Verfallsregelung im Falle dauernder Arbeitsunfähigkeit als mit Art. 7

---

68 *Düwell*, Fachanwalt Arbeitsrecht Heft 5 Editorial

69 Einzelheiten *Düwell*, Die Behindertenrechtskonvention der Vereinten Nationen für den Bereich Arbeit und Beschäftigung, FA 2011, 354.

70 BT-Ausschussdrucksache 17(11)553 vom 20.06.2011.

Abs. 1 der Arbeitszeit-Richtlinie 2003/88/EG des Europäischen Parlaments und des Rates vom 4. November 2003[71] für unvereinbar angesehen.[72] Der Gerichtshof hat am 22.11.2011 dieses Ergebnis in der Sache KHS als zu weitgehend „nuanciert"[73]. Die Übertragungsdauer müsse innerhalb der in Art. 9 Abs. 1 des Übereinkommens der Internationalen Arbeitsorganisation Nr. 132 gesetzten Höchstfrist von 18 Monaten, aber mindestens deutlich über 12 Monate liegen. Deshalb sei eine im Ausgangsfall KHS durch Tarifvertrag festgelegte Übertragungsdauer von 15 Monaten mit Unionsrecht vereinbar. Der deutsche Gesetzgeber war seitdem aufgefordert, in Nutzung des verbleibenden Spielraums die Übertragungsdauer bei Krankheit festzulegen. Er blieb jedoch untätig. Der Neunte Senat des Bundesarbeitsgerichts hat daraufhin am 07.08.2012 anstelle des Gesetzgebers die Frist mit 15 Monaten bestimmt.[74]

4.6.2. Die Ministerialverwaltung

Am parlamentarischen Gesetzgebungsakt wirken viele Akteure mit. Einen maßgeblichen Einfluss hat die Ministerialverwaltung. Sie arbeitet die von der Bundesregierung in den Bundesrat und danach in den Bundestag einzubringenden Entwurfstexte samt Begründungen aus. Die Ministerialverwaltung sollte zwar nur dienende Funktion haben; denn entscheidend ist, was in dem jeweils federführenden Bundestagsausschuss die parlamentarische Mehrheit als Beschlussempfehlung definiert. Die Plenumsabstimmung ist nur eine Bestätigung. Insbesondere auf dem Gebiet des Arbeitsrechts stellt sich ein von der akademischen Methodenlehre ausgeblendetes Sonderproblem. Da das Arbeitsrecht zu komplex ist, leisten die Ministerialbeamten für die Abgeordneten der Regierungsfraktionen, wenn diese Änderungsanträge einbringen wollen, ständig „Formulierungshilfe". Ohne ministeriale Zustimmung hat ein Änderungsbegehren bei den Fraktionsführern keine Chance. So bildet die Ministerialverwaltung das Nadelöhr, durch das jede Gesetzesinitiative von Abgeordneten mit Aussicht auf eine parlamentarische Mehrheit durch muss. Besonders aufschlussreich ist dafür der Ablauf des in der 17. Wahlperiode nicht zum Abschluss kommenden Gesetzgebungsverfahrens zum Beschäftigtendatenschutzgesetz. Dort haben wiederholt

71 ABl EG Nr. L 299 2003 S. 9.

72 EuGH 20. 01. 2009 C- 350/06 und C- 520/06 verbundene Sachen „Schultz-Hoff" und „Stringer", DB 2009, 234.

73 EuGH 22.11.2011 - C-214/10 – KHS Rn.28, NZA 2011, 1333

74 BAG 07.08.2012 - 9 AZR 353/10 - Pressemitteilung Nr. 56/12

Ministerialbeamte für „Arbeitspapiere" zugearbeitet, die von den Berichterstattern der Koalitionsfraktionen als Änderungsanträge in die Ausschussarbeit eingebracht wurden.[75]

4.6.3. Rechtspolitisch bewegte Zeiten

Die Zeit des Wiederaufbaus nach dem Zweiten Weltkrieg war eine rechtspolitisch bewegte Zeit; denn es musste die nationalsozialistische Arbeits- und Sozialordnung abgelöst werden. Dabei konnten auch Regelungen aus der Besatzungszeit, wie zum Beispiel das für die vereinigten Wirtschaftsgebiete der westlichen Besatzungsmächte beschlossene Tarifvertragsgesetz vom 09.04.1949[76], übernommen werden. Es gelang auch im Einvernehmen von Arbeitgebern und Gewerkschaften die bundesweite Einführung des Schutzes vor sozial ungerechtfertigten Kündigungen in Betrieben mit mehr als fünf Arbeitnehmern durch das Kündigungsschutzgesetz (KSchG) vom 10.08.1951[77]. Eine vergleichbare sozialpartnerschaftliche Lösung konnte für das Betriebsverfassungsgesetz vom 11.10.1952[78] nicht gefunden werden. Die Gewerkschaften wehrten sich, die in einigen Ländern erreichte weitergehende Mitbestimmung wieder aufzugeben. Das Gesetz wurde als „Restauration" angesehen und von der Gewerkschaft der Zeitungsdrucker mit einem in der Sache erfolglosen Streik bekämpft.

Nach der Adenauer Ära kam es zu einer sozialliberalen Reformpolitik. Angekündigt wurde sie in der Regierungserklärung des Bundeskanzlers Willy Brandt vom 28.10.1969 mit dem Motto „Mehr Demokratie wagen!". Nach erbitterter Kampfabstimmung im Parlament wurde als großes Reformprojekt mit dem Betriebsverfassungsgesetz 1972 (BetrVG 1972) eine neue Kodifikation der Betriebsverfassung unter Ausweitung der Mitbestimmung am 10.11.1971 beschlossen.

---

75 Vgl. *Düwell*, Letzte Runde im Kampf um ein Gesetz zur Regelung des Beschäftigtendatenschutzgesetzes? Fachanwalt Arbeitsrecht 2013, 104 ff.

76 WiGBL. 1949, 55

77 BGBl I, 499

78 BGBl I, 681

1982 kam es nach der zweiten Ölpreiskrise zu einer Verdoppelung der Zahl der Arbeitslosen in der Bundesrepublik. Sie überschritt erstmals 2 Millionen. Der mit der schlechten Wirtschaftslage begründete Wechsel des freidemokratischen Koalitionspartners führte 1982 zur Regierung von Helmut Kohl. Kohl wählte das Motto: „geistig moralische Wende“. Er setzte auf eine angebotsorientierte Politik. Dazu gehörte vor allem das Beschäftigungsförderungsgesetz vom 26.04.1985 (BeschFG)[79]. Mit ihm wurde in Abkehr von der Rechtsprechung des Bundesarbeitsgerichts die sachgrundlose Befristung für 18 Monate Dauer eingeführt. Als 1996 die 10% Marke der Arbeitslosigkeit überschritten wurde, hat das BeschFG 1996[80] die Höchstbefristungsdauer auf 24 Monate verlängert. Weitere Maßnahmen waren:

1. die Herabsetzung der Entgeltfortzahlungshöhe auf 80%[81], die Erhöhung des Schwellenwerts im Kündigungsschutz auf mehr als zehn im Betrieb beschäftigte Arbeitnehmer,

2. die Erleichterung der Sozialauswahl bei betriebsbedingten Kündigungen[82],

3. die Flexibilisierung der Arbeitszeit[83] und

4. die Liberalisierung der Leiharbeit 1985 durch Erhöhung der zulässigen Überlassungsdauer von drei auf zunächst sechs und 1993 auf neun Monate.

Als Helmut Kohl sein Wahlversprechen, die Arbeitslosenzahlen zu halbieren, 1998 nicht einlösen konnte, kam es zu seiner Abwahl und zur Bildung der rot-grünen Koalition unter der Kanzlerschaft von Gerhard Schröder. Die neue Regierung schlug zunächst den Weg der Korrekturgesetzgebung[84] ein und machte die Einschränkungen der Entgeltfortzahlung und des Kündigungsschutzes rückgängig. In der zweiten Wahlperiode von Rot-Grün wurde jedoch angesichts der weiter steigenden Arbeitslosigkeit, die später im Jahre 2005 den Gipfel mit mehr als 5 Millionen erklomm, die Notwendigkeit von Reformen erkannt. Nachdem im Februar 2002 der Bundesrechnungshof Missstände bei der Bundesanstalt für

79 BGBlI, 710

80 Arbeitsrechtliches Beschäftigungsförderungsgesetz vom 25.09.1996, BGBl I, 1476

81 Gesetz vom 12.12.1996 BGBl I, 1014

82 Arbeitsrechtliches Beschäftigungsförderungsgesetz vom 25.09.1996, BGBl I, 1476

83 Gesetz zur Vereinfachung und Flexibilisierung des Arbeitszeitrechts vom 06.06.1994, BGBl I, 1165

84 Gesetz zu Korrekturen in der Sozialversicherung und zur Sicherung der Arbeitnehmerrechte vom 19.12.1998, BGBl I, 3843

Arbeit aufgedeckt hatte, setzte die Regierung eine Kommission „für moderne Dienstleistungen am Arbeitsmarkt" ein. Zum Vorsitzenden wurde Peter Hartz, der Personalvorstand der VW AG, berufen. Nach den von Peter Hartz entwickelten „13 Modulen zum Abbaus der Arbeitslosigkeit und der Reform der Bundesanstalt für Arbeit"[85] wurden insgesamt vier Gesetze für moderne Dienstleistungen am Arbeitsmarkt (sogenannte Hartz-Gesetze I bis IV) erlassen. Mit diesen Gesetzen sollte u.a. die Arbeitsvermittlung beschleunigt, die Arbeitslosenhilfe mit der Sozialhilfe zu einer neuen Form der Grundsicherung vereinfachend zusammengefasst und vor allem die Leiharbeit wegen ihres vermeintlichen Brücken- oder Klebeeffektes zur Dauerbeschäftigung gefördert werden. Erweitert wurde das Konzept durch die Agenda 2010. In Verfolgung dieses Programms wurde mit dem Gesetz zu Reformen am Arbeitsmarkt vom 24.12.2003[86] die 1998 „korrigierte" Einschränkung des Kündigungsschutzes aufgehoben. Seitdem gilt wieder der unter Kohl hochgesetzte Schwellenwert von mehr als zehn Arbeitnehmern. Mit dem Hartz I - Gesetz vom 23.10.2002 ist in § 9 Nr. 2 des Arbeitnehmerüberlassungsgesetzes (AÜG) das Verbot eingeführt worden, Leiharbeitnehmer während der Überlassung schlechter zu stellen als vergleichbare Stammarbeitnehmer (Equal Pay). Die Schlechterstellung wird allerdings zugelassen, wenn der Verleiher einen verschlechternden Tarifvertrag anwendet. Der Gesetzgeber hatte damals im Sinn, die Blockadehaltung der Verleiher gegenüber Tarifverträgen aufzubrechen. Das gelang auch. Es wurde jedoch verkannt, dass dann, wenn keine Vorgaben an die Mächtigkeit einer Gewerkschaft aufgestellt werden, Vereinigungen, die keine oder nur wenige Arbeitnehmer als Mitglieder haben, diese Öffnungsklausel als Einladung zur schrankenlosen Unterbietung nutzen können. Dieser Missbrauch ist der CGZP[87] vorgeworfen worden. Er war Anlass dafür, ein Beschlussverfahren auf Feststellung der Tarifunfähigkeit nach § 97 Abs. 1 Arbeitsgerichtsgesetz (ArbGG) zu führen.[88] Mit dem Hartz I - Gesetz war auch der Wegfall jeder Höchstüberlassungsdauer für die Arbeitnehmerüberlassung verbunden. Jetzt konnte Leiharbeit als externe Personalreserve mit einer Quote von 15 % bis 30 % strategisch eingesetzt werden, um Beschäftigungsrisiken insbesondere bei Konjunktur anfälligen Industrien wie beim Automobilbau ohne Sozialplankosten zu externalisieren. Das hat einen Boom ausgelöst. Der schrankenlose Arbeitnehmerverleih

85 Einzelheiten *Düwell* in Weyand/Düwell, das neue Arbeitsrecht - Hartz-Gesetze und Agenda 2010, Baden-Baden 2005, S. 32 ff.

86 BGBl I, 3002

87 Tarifgemeinschaft Christlicher Gewerkschaften für Zeitarbeit und Personalserviceagenturen vgl. oben 4.3.1

88 Vgl oben 4.3.1

spiegelt sich in der folgenden Übersicht über die Zahl der Leiharbeitnehmer[89] wider.

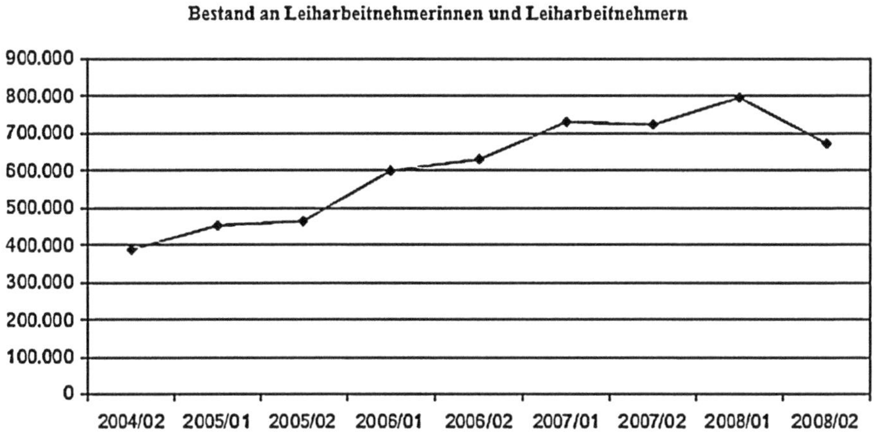

4.6.4. Initiativen der Opposition

Gesetzesentwürfe arbeitsrechtlichen Inhalts werden zurzeit fast ausschließlich von den Oppositionsfraktionen in den Bundestag eingebracht. Schon aus Gründen der Koalitionsdisziplin wird von der Parlamentsmehrheit die Zustimmung verweigert. So geschah es auch nach der Verurteilung der Bundesrepublik durch den Europäischen Gerichtshofs für Menschenrechte vom 21. Juli 2011[90]. Die an sich gebotene Regelung zum Schutz von „Whistleblowern“ blieb aus. Die Anträge der Fraktion der SPD mit dem Entwurf eines Gesetzes zum Schutz von Hinweisgebern - Whistleblowern[91] und der Fraktion DIE LINKE mit der Entschließungsempfehlung „Die Bedeutung von Whistleblowing für die Gesellschaft anerkennen – Hinweisgeberinnen und Hinweisgeber schützen“[92] sind nicht aufgegriffen worden.

89 Elfter Bericht der Bundesregierung über Erfahrungen bei der Anwendung des Arbeitnehmerüberlassungsgesetzes, BT-Drucksache 17/464 S.13

90 21.07. 2011 - 28274/08 - „Heinisch“ = NZA 2011,1269-1274.

91 BT-Drucksache 17/8567

92 BT-Drucksache 17/6492

4.7. Anwaltschaft und Rechtsschutz

4.7.1. Anwaltschaft und Spezialisierung

Die Zahl der in der Bundesrepublik zugelassenen Rechtsanwälte und Rechtsanwaltsgesellschaften steigt seit Jahren. Die in Berufskammern sich selbst verwaltende Anwaltschaft hatte zum 01.01.2012 insgesamt 159.315 Mitglieder.[93] Davon waren zum 1. Januar 2011 8.701 berechtigt, die Bezeichnung Fachanwälte für Arbeitsrecht in Deutschland zu tragen.[94] Diese Gruppe ist in der Anwaltschaft die zahlenmäßig größte Fachanwaltschaft. Nach § 10 der Fachanwaltsordnung (FAO) ist zum Erwerb des Titels eines Fachanwalts für Arbeitsrecht, der Nachweis besonderer Kenntnisse im Individualarbeitsrecht, kollektiven Arbeitsrecht und Verfahrensrecht sowie Nachweis besonderer praktischer Erfahrungen erforderlich. Dazu muss der Bewerber nach § 5 Satz 1 lit. c FAO mindestens 100 bearbeitete Fälle, von denen mindestens die Hälfte gerichtliche Verfahren sein müssen, vorlegen; darunter müssen fünf Fälle aus dem Bereich des kollektiven Arbeitsrecht stammen. Vor den Gerichten für Arbeitssachen können alle Rechtsanwälte - auch ohne einen Fachanwalttitel zu haben - auftreten.

4.7.2. Strukturwandel und parteiische Ausrichtung

Die Anwaltschaft hat ein Strukturwandel durchgemacht. Dominierten früher Einzelanwälte, geht heute der Trend zur Großkanzlei. Die meisten der Großkanzleien vertreten ausschließlich leitende Angestellte und Arbeitgeber. Es haben sich im Gegenzug auch eine Reihe von Anwaltsgemeinschaften gebildet, die ausschließlich Arbeitnehmer vertreten. Diese sind zumeist aus dem gewerkschaftlichen Rechtsschutz hervorgegangen, als dieser aus Kostengründen in Zeiten abnehmender Mitgliedszahlen von den Gewerkschaften auf eine Rechtsschutz-GmbH ausgegründet worden ist. Es wird jedoch immer noch eine Mehrzahl der Arbeitnehmer vom gewerkschaftlichen Rechtsschutz in den unteren Instanzen vertreten. Der gewerkschaftliche Rechtsschutz besteht zum Teil aus

93 Pressemitteilung der Bundesrechtsanwaltskammer 2/2012

94 Bundesrechtsanwaltskammer, Statistik 2011

Gewerkschaftssekretären, die an der Akademie der Arbeit an der Universität Frankfurt ohne allgemeine Hochschulzugangsberechtigung in einem Schnellkurs ausgebildet werden. Es sind „Erfahrungsjuristen", die für die fast 80 Prozent der bei den Arbeitsgerichten anfallenden Bestandsschutzstreitigkeiten gut gerüstet sind. In Zeiten der „Juristenschwemme" werden immer mehr Volljuristen beim gewerkschaftlichen Rechtsschutz angestellt, die zum Teil auch die Erlaubnis erhalten, nebenberuflich als Rechtsanwälte tätig zu sein. Examensabsolventen mit Prädikatsexamen drängen in der Regel ins Richteramt oder in die großen Anwaltskanzleien, die ein hohes Einkommen garantieren. Diese Kanzleien vertreten in der Regel ausschließlich Arbeitgeber oder leitende Angestellte. Sie bieten neben der hohen Vergütung auch die Möglichkeit, sich auf besondere Teilgebiete des Arbeitsrechts, wie zum Beispiel auf betriebliche Altersversorgung, zu spezialisieren. Das bewirkt nicht selten ein intellektuelles Gefälle in der Vertretung vor Gericht. Dieser Trend wird durch die Unterschiede in der Anwaltsvergütung noch gefördert. Die Großkanzleien arbeiten häufig mit Stundenhonoraren von 300 Euro. Für den in einer Kleinkanzlei arbeitenden Anwalt sind vor allem die Kündigungsschutzprozesse lukrativ. Das sind Sachen, in denen er Routine hat und bei denen die Vergütung wegen des Regelstreitwerts von einem Vierteljahresgehalt attraktiv ist. Soll der Anwalt dagegen in einer anderen Sache, die nur einen geringen Streitwert hat, auftreten, so steht - insbesondere bei einer Spezialmaterie wie dem Schwerbehindertenrecht – der Zeitaufwand häufig in einem Missverhältnis zum Honorar. Bessere wirtschaftliche Anreize, auch Arbeitnehmer zu vertreten, bestünden dann, wenn Kollektivklagen zugelassen würden. Vorbild könnte die amerikanische Civil Rights Class Action Dukes versus Wal-Mart sein, in der eine Gruppe Beschäftigten ihren Arbeitgeber wegen Diskriminierung am Arbeitsplatz erfolgreich verklagt haben.[95]

4.7.3. Arbeitsrechtslobby

Die Anwaltschaft strebt danach, im Arbeitsrecht eine immer bedeutsamere Rolle zu gewinnen. Das gilt nicht nur durch die Schaffung der Fachanwaltschaft, die die Kompetenz für die forensische Tätigkeit erhöhen soll, sondern auch im Verhältnis zum Gesetzgeber. Die Fachanwälte für Arbeitsrecht haben dazu eine Arbeitsgemeinschaft gebildet, die sich in allen bedeutsamen arbeitsrechtlichen Angelegenheiten mit gutachterlichen Stellungnahmen an die Medien, das Parlament und die Bundesregierung wendet. Es ist natürlich, das dabei die Dominanz

---

95 *Höffmann*, ZVglRWiss (2012) Nr. 111, 233-257

der Großkanzleien mit ihrer Ausrichtung auf Arbeitsgeberinteressen durchschlägt.

4.8. Rechtsprechung

4.8.1. Eigenständigkeit von Recht und Gerichtsbarkeit

Nipperdey nahm mit allen Mitteln des Amtes seine Präsidentschaft wahr, um seine Rechtsprechungslinie abzusichern. Dazu nutzte er die Die Möglichkeiten der Geschäftsordnung und der Geschäftsverteilung.[96]

Als Herausgeber des damals führenden Lehrbuchs des Allgemeinen Teils der Bürgerlichen Rechts[97] war er dem Bürgerlichen Recht verpflichtet. Es gelang ihm, seine zivilistische Auffassung im Bundesarbeitsgericht durchzusetzen, die privatrechtlichen Beziehungen zwischen Arbeitnehmer und Arbeitgeber seien im Dienstvertragsrecht des BGB geregelt und damit der landesgesetzlichen Ergänzung oder Abänderung entzogen.[98] Allerdings scheiterte er am Bundesverfassungsgericht: „*Das Arbeitsrecht wird nicht vom bürgerlich-rechtlichen Kodifikationsprinzip erfasst, denn es hat sich als Ganzes - einschließlich seiner Privatrechtsnormen - im Laufe der letzten Jahrzehnte zu einem selbständigen und eigenständigen Rechtsgebiet entwickelt, das neben dem bürgerlichen Recht steht*“.[99]

Trotz dieser verfassungsgerichtlichen Klarstellung ist die Eigenständigkeit des Arbeitsrechts in Gefahr. Es hat in den 80er Jahren ein schleichender Prozess der organisatorischen Eingliederung der Arbeitsgerichtsbarkeit begonnen. In dessen

---

96 Vgl. Zur Schilderung der Überbesetzung von Senaten mit Vorsitzenden anderer Senate zur Sicherung der einheitlichen Rechtsprechung *Rehder*, Habilitation aaO S. 308f.

97 *Enneccerus/Niperdey*, Allgemeiner Teil des Bürgerlichen Rechts, Halbbd 1., Allgemeine Lehren, Personen, Rechtsobjekte; Halbbd 2., Entstehung, Untergang und Veränderung der Rechte, Ansprüche und Einreden, Ausübung und Sicherung der Rechte

98 BAG 26.10.1955 - 1 AZR 23/53, 1 AZR 295/55, 1 AZR 376/55 - AP Nr 1 zu § 1 Urlaubsgesetz Hamburg.

99 BVerfG 22.04.1958 - 2 BvL 32/56, 2 BvL 34/56, 2 BvL 35/56 - Hamburgisches Urlaubsgesetz, NJW 1958, 1179.

Verlauf ist in fast allen deutschen Ländern die Ressortierung der von den Ländern verwalteten Arbeits- und Landesarbeitsgerichte von den Arbeitsministerien zu den Justizministerien gewandert. Der in der 15. Legislaturperiode der von der damaligen Justizministerin unternommene Versuch, auch das Bundesarbeitsgericht dem Bundesjustizministerium zuzuordnen, ist im Kabinett gescheitert. Es wurde zeitgleich eine Initiative des Bundesrats unternommen, das Grundgesetz zu ändern, weil dessen Art. 95 Abs. 1 die Eingliederung der Arbeits- und Landesarbeitsgerichte in eine Einheitsjustiz sperrt. Dieses Vorhaben ist, nachdem der DGB protestierte, nicht mehr weiterverfolgt worden.

4.8.2. Kampf ums Recht vor Gericht

Die Selbstentmündigung des parlamentarischen Gesetzgebers[100] führt dazu, dass der Kampf ums Recht vor Gericht und die richterliche Rechtsfortbildung an Bedeutung gewinnen. Rechtsfragen bedürfen einer Antwort. Die Gerichte können nicht auf das Füllen der Regelungslücke in der nächsten oder übernächsten Wahlperiode verweisen, sie müssen entscheiden. Franz Gamillscheg hat dafür das geflügelte Wort geprägt: Der Richter ist „der eigentliche Herr des Arbeitsrechts“.[101] So stand der Neunte Senat des BAG am 07.08.2012 vor dem Problem: Welche Höchstfrist sollte er für die Dauer der Übertragung des Urlaubsanspruchs bei langandauernder Arbeitsunfähigkeit wählen?[102]

4.8.3. Steuerung durch Leitungsmacht

Die Präsidenten Nipperdey und Müller verfolgten eine gezielte Strategie. Rehder bringt es treffend auf die Formel: „Sie kontrollierten die gesamte Wertschöpfungskette der Wissensproduktion und –verteilung“ des Gerichts.[103] Die Veröffentlichung der Entscheidungen und deren Kommentierung lagen in Händen der Präsidenten. Das in der Geschäftsordnung bestimmte Nachschlagewerk für die „wichtigen“ Entscheidungen, die ‚Arbeitsrechtliche Praxis“ (AP), wurde herausgegeben von Nipperdey, der zugleich als Herausgeber der wichtigsten universitären Fachzeitschrift „Recht der Arbeit“ fungierte. Als Herausgeber ent-

100 Siehe oben 1.1.1

101 *Gamillscheg*, AcP 164 (1964), 384, 388.

102 Siehe oben 4.6.1

103 *Rehder*, Habilitation aaO S. 312

schied er auch darüber, ob eine Entscheidung eine Anmerkung verdiene und wer damit zu beauftragen sei. Rehder hat ausgewertet, dass von den bis 1965 ergangenen 35 Entscheidungen zum Günstigkeitsprinzip 30 in der AP kommentiert sind. 25 Anmerkungen wurden von bekannten Mitgliedern der epistemischen Gemeinschaft verfasst (Dersch, Herschel, Isele, Küchenhoff und Nikisch und deren Schülern Götz Hueck, Gumpert, Neumann, Tophoven, Zöllner).[104] Die Selbstbezüglichkeit zeigt sich auch in der Zitierweise. In 40 Prozent der Fälle wurden nur eigene Entscheidungen zitiert. 23 Prozent der Zitierungen entfallen auf Nipperdey und seine Co-Autoren, weitere 13 Prozent auf die Nipperdey verbundenen Dersch, Herschel, Hilger, Hueck und Nikisch.[105]

Erst mit dem schleichenden Zerfall der epistemischen Gemeinschaft Ende der 70er Jahre und dem Antritt des von der SPD gestellten neuen Präsidenten Rudolf Otto Kissel begann eine Pluralisierung. Diese ist strukturell auch durch die Stärkung der Selbstverwaltung der Richterschaft im Rahmen mehrfacher Reformen der Gerichtsverfassung gefördert worden. Diese haben die Befugnisse von Präsidenten und Vorsitzenden beschränkt und die Beteiligung der einzelnen Berufsrichter an der Geschäftsverteilung gestärkt. Nicht zufällig fällt in diese Zeit auch der Marktauftritt der heute marktführenden Arbeitsrechtszeitschrift „Neue Zeitschrift für Arbeitsrecht“. Bei dieser Zeitschrift ist zwar immer noch traditioneller Weise die Spitze des Bundesarbeitsgerichts im Herausgebergremium vertreten, aber nur mit einer Person unter 15.

4.8.4. Richter als autonome Akteure

Aus der gestärkten Rolle der Richters insbesondere beim Bundesarbeitsgericht folgt eine für das japanische Publikum möglicherweise ungewohnte Konsequenz. Nicht wenige Richter beteiligen sich an der fachöffentlichen Meinungsbildung zu Rechtsfragen. Sie sind darauf bedacht, ihre Unabhängigkeit zu wahren. Insoweit gelten das Gebot der Zurückhaltung und das Verbot, Rechtsgutachten zu erstellen. Sie dürfen und sollen jedoch in Buch- und Zeitschriftenveröffentlichungen klärungsbedürftige Rechtsfragen zur Diskussion stellen und die von ihnen gefällten Entscheidungen erläutern. Das schließt auch Referate und

104 *Rheder*, Habilitation aaO S. 313
105 *Rheder*, Habilitation aaO S. 312

Podiumsdiskussionen bei Tagungsveranstaltungen ein. Auf diese Weise können Erfahrungen der Praxis aufgenommen, Argumente geprüft und gegebenenfalls geschärft werden. Hinzu kommt die Nachfrage der Praxis nach Schlichtern für Arbeitskämpfe und nach Vorsitzenden für Einigungsstellen zur Lösung von Meinungsverschiedenheiten zwischen Betriebsrat und Arbeitgeber. Hier sind erfahrene Arbeitsrichter wegen ihrer im Arbeitsgerichtsprozess trainierten Fähigkeit, Parteien zu einem Interessenausgleich zu führen, stark gefragt. So werden Richter zu Akteuren des Arbeitsrechts. Das ist keine die Rechtsprechung beeinträchtigende sondern vielmehr eine sie unterstützende Tätigkeit. Auf diesem Wege können sowohl auf Seiten der Rechtsprechung als auch auf Seiten der Arbeitsvertrags- und Tarifvertragsparteien Lernprozesse eingeleitet werden. Diese Praxiseinblicke können sogar zu einer Änderung der Rechtsprechung führen. Ein Bespiel dafür ist die mehre Jahre vom Vorsitzenden des Vierten Senats Bepler geführte Diskussion über das vom Präsidenten Nipperdey aufgestellte Dogma der Tarifeinheit. Ergebnis war die Aufgabe des Dogmas und die Zulassung der Tarifpluralität im Betrieb.[106] Angesichts dieser fruchtbaren Verbindung von Jurisprudenz, Wissenschaft und Praxis ist es nahe liegend, dass sowohl Richter der Instanzgerichte als auch Richter des BAG zu Honorarprofessoren berufen werden. Sie können durch ihre Funktion in der Lehre zu dem nötigen Rückkoppelungseffekt zwischen Arbeitsrechtswissenschaft und Fachgerichtsbarkeit beitragen.

5. Rechtsfortschritt durch Verbraucherrecht

Nach dem Wiederaufbau entstand in der Bundesrepublik eine moderne Industrie- und Dienstleitungsgesellschaft. Der private Konsum wurde zum einem Wachstumsfaktor. Das liberale Vertragsmodell führte nicht nur bei der Ausgestaltung der Arbeitsbeziehungen zu einer Asymmetrie. Die bürgerlichrechtlichen Bestimmungen zu Gewährleistungsansprüchen bei Kauf-, Werk- und Dienstverträge wurden formularmäßig abbedungen und durch die von den Unternehmen einseitig aufgestellten Allgemeinen Geschäftsbedingungen (AGB) ersetzt. Soweit die Verbraucher durch „Vertragsdiktate" rechtlos gestellt wurden, kamen die Gerichte unter Anwendung des Grundsatzes von Treu und Glauben zu einer Inhaltskontrolle. 1977 schuf die sozialliberale Koalition in Weiter-

106 BAG 07.07.2010 - 4 AZR 537/08 - AP Nr 143 zu Art 9 GG; BAG 07.07.2010 - 4 AZR 549/08 - BAGE 135, 80-115.

entwicklung des Richterrechts außerhalb des BGB ein Sondergesetz, das Gesetz über Allgemeine Geschäftsbedingungen (AGBG). § 23 Abs. 1 dieses Gesetzes enthielt eine Bereichsausnahme für Arbeitsverhältnisse. Grund war die Annnahme, Arbeitnehmer seien durch das Arbeitsrecht ausreichend vor der Übermacht des Arbeitgebers geschützt. Angestoßen von der Pflicht, Verbraucherschutz- Richtlinien der Europäischen Gemeinschaft umzusetzen, baute die rot-grüne Koalition die AGB-Kontrolle durch ein Schuldrechtsmodernisierungsgesetz aus. Die Bestimmungen wurden als §§ 305 bis 310 BGB zum 1.1.2002 wieder in das Bürgerliche Recht eingegliedert. Dem Richter wurden drei Kontrollinstrumente zur Verfügung gestellt:

Die Einbeziehungskontrolle in § 305c Abs. 1 BGB: Überraschende Klauseln, die den Vertragspartner überrumpeln, werden nicht Vertragsbestandteil.

Die Inhalts- oder Angemessenheitskontrolle in § 307 Abs. 1 Satz 1, § 307 Abs. 3 BGB: Zu weit gehende Klauseln, die den Vertragspartner unangemessen entgegen Treu und Glauben durch Auferlegung von Nebenpflichten benachteiligen, sind unwirksam, ohne dass das Gericht die Klausel auf das angemessene Maß zurückführt (Verbot der geltungserhaltenden Reduktion, § 306 BGB).

Die Transparenzkontrolle in § 307 Abs. 1 Satz 2, § 307 Abs. 3 Satz 2 BGB: Klauseln, die den Vertragspartner entgegen Treu und Glauben nicht erkennen lassen, welche Haupt- und Nebenpflichten auf ihn zu kommen, sind unwirksam. Klauseln, die mehrdeutig sind, sind im Zweifel gegen den Verwender auszulegen, § 305c Abs. 2 BGB.

Während der Diskussion des Gesetzentwurfs kam es zur Aufhebung der Bereichsausnahme. Anlass war folgende, von einem Arbeitgeber im Formular des Arbeitsvertrags verwandte Klausel: „*Der Arbeitnehmer hat Ansprüche aus dem Arbeitsverhältnis innerhalb eines Monats nach Fälligkeit geltend zu machen und bei Ablehnung des Anspruchs innerhalb eines weiteren Monats Klage zu erheben. Sonst verfällt der Anspruch.*“ Das BAG hielt die Klausel für wirksam; denn sie halte der Rechtskontrolle stand. Eine inhaltliche Angemessenheitskontrolle sei dem Gericht wegen der gesetzlichen Bereichsausnahme verwehrt.[107] Der deutsche Gesetzgeber hat daraus die Konsequenz gezogen, die Geltungsbereichsausnahme abzuschaffen. Das war ein Rechtsfortschritt. Werden nämlich einseitig aufgestellte Allgemeine Vertragsbedingungen verwandt, so befinden sich sowohl Verbraucher als auch Arbeitnehmer in einer vergleichbaren schutzbedürftigen Stellung. Deshalb ist seit 2002 in § 310 Abs. 4 Satz 1 BGB geregelt,

107 BAG 13.12.2000 - 10 AZR 168/00- BAGE 96, 371

dass auch auf Arbeitsverhältnisse die §§ 305 ff BGB anwendbar sind. Ausgenommen sind nur Tarifverträge, Betriebs- und Dienstvereinbarungen. Die Besonderheiten des Arbeitsrecht sind seitdem nur noch „angemessen zu berücksichtigen" (§ 310 Abs. 4 Satz 2 BGB). Sie rechtfertigen keine Ausnahme.

24 Jahre lang war die verbraucherrechtliche Judikatur des Bundesgerichtshofs in Zivilsachen Gradmesser der AGB-Kontrolle. Jetzt hat jetzt die Arbeitsgerichtsbarkeit nachgezogen. In den 10 Jahren seit der Aufhebung der Bereichsausnahme kam es zu einer explosionsartigen Häufung von AGB-Fällen vor Gericht. In der Datenbank juris sind 1.856 Entscheidungen der Gerichte für Arbeitssachen zum AGB-Recht dokumentiert, davon 497 Entscheidungen des BAG.[108] Ungelöst ist noch die Behandlung von Altverträgen, die vor Inkrafttreten des neuen Rechts abgeschlossen wurden: Darf der Richter im Wege der ergänzenden Auslegung unangemessene Klauseln auf das nach neuem Recht geforderte angemessene Maß umgestalten? Der Fünfte Senat BAG hat das bejaht.[109] Demgegenüber hat der Neunte Senat erkannt, dass ein nach neuem Recht unwirksamer Änderungsvorbehalt nicht mit einem im Wege der Vertragshilfe vom Richter zu ermittelnden angemessenen Inhalt aufrechtzuerhalten ist. Vielmehr habe der Klauselverwender in der vom Gesetzgeber im Einführungsgesetz eingeräumten einjährigen Übergangszeit[110] die von ihm in Altverträgen verwandten Klauseln selbst an das neue Recht anzupassen.[111]

In Japan wird derzeit eine umfassende Reform des Schuldrechts erörtert, die eine Kontrolle der Allgemeinen Geschäftsbedingungen (AGB) einführen soll. Eine derartige Schuldrechtsreform wird sich unvermeidlich auch auf die nach japanischem Recht vom Arbeitgeber aufzustellende Arbeitsordnung auswirken. Die seit 2002 gesammelten deutschen Erfahrungen können berücksichtigt werden. Es wäre zweckmäßig, dabei auch eine Klarstellung aufzunehmen, ob der Arbeitgeber in einer Übergangszeit bis zum Inkrafttreten des neuen Rechts auch Altverträge anpassen muss.

---

108 Juris Aufruf 06.08.2012 zum Stichwort AGB

109 BAG 12.01.2005 - 5 AZR 364/04 - NZA 2005, 465;

110 Art. 229 § 5 Satz 2 Einführungsgesetz zum BGB

111 BAG 19.12.2006 - 9 AZR 294/06 - NZA 2007, 809

6. Auf der Suche nach neuer Identität

6.1. Zerfall der epistemischen Gemeinschaft

In jüngster Zeit ist ein erster Versuch unternommen worden, die arbeitsgerichtliche Rechtsprechung analytisch mit den Methoden der Sozialwissenschaften zu deuten.[112] Die Politologin Rehder spannt einen weiten Bogen. Er geht über den im Titel ihrer Arbeit angesprochenen Beitrag der Rechtsprechung des Bundesarbeitsgerichts zur Entwicklung der Arbeitsbeziehungen in Deutschland weit hinaus. Rehder kommt zu dem Ergebnis, der mit Sinzheimer, Hueck und Nipperdey eingeleitete Aufstieg des Arbeitsrechts sei einer epistemischen Gemeinschaft der Arbeitsrechtler zu verdanken; seit den 90er Jahren komme es zum Niedergang des Arbeitsrechts. Die epistemische Gemeinschaft der Arbeitsrechtler befinde sich in einem schleichenden Zerfallsprozess.[113] Zwar ist der Diagnose des Zerfalls der epistemischen Gemeinschaft, aber nicht der Prognose vom Niedergang des Arbeitsrechts zuzustimmen. Vielmehr handelt es sich um einen schöpferischen Prozess des Ringens um eine neue Form der Identität.

6.2. Entwicklung zur Pluralität

Innerhalb der Richterschaft und Hochschulen hat seit Ende der 60er Jahre ein Prozess der Pluralisierung eingesetzt, der in den 80er Jahren sich sowohl bei den Wahlen zum Bundesarbeitsgericht als auch bei der Besetzung der arbeitsrechtlichen Lehrstühle bemerkbar gemacht hat. Sichtbar wird diese Pluralisierung auf dem „bunten" Markt der Fachbücher und in der gewachsenen großen Zahl unterschiedlich ausgerichteter Fachzeitschriften. Es gibt seit den 60er Jahren kein Lehrbuch mehr, dem eine Bedeutung wie dem von Hueck/Nipperdey zukommt. Unter den Bedingungen einer digitalen Informationsgesellschaft wird sich diese Entwicklung eher noch verstärken. Keine Präsidentin und kein Präsident eines Gerichts kann mehr wie zu Nipperdeys und Müllers Zeiten die „Wertschöpfungskette der Wissensproduktion und –verteilung" kontrollieren. Nach dem

---

112 *Rehder*, Die Politik der Rechtsprechung - Der Beitrag des Bundesarbeitsgerichts zum Werden und Wandel des deutschen Kapitalismus, Habilitationsschrift, Münster 2011

113 *Rehder*, Rechtsprechung als Politik - Der Beitrag des Bundesarbeitsgerichts zur Entwicklung der Arbeitsbeziehungen in Deutschland, (Bearbeitung der Habilitationsschrift für den Campus Verlag), Frankfurt/NewYork 2011, S. 243 ff.

„Bundesvertrag“, der zwischen der Bundesregierung und der juris GmbH, einer teilprivatisierten Rechtsdatenbank[114], geschlossen wurde, werden seit 1985 dokumentationswürdige Entscheidungen aller Gerichtsbarkeiten in einem elektronischen Informationssystem der Öffentlichkeit zugänglich gemacht. Um das Höchstmaß an Qualität, Objektivität, Vollständigkeit und Aktualität zu wahren, ist die Auswahl und Erschließung aller Dokumente aus Rechtsprechung, Verwaltung und Literatur den beim Bundesverfassungsgericht und den fünf obersten Gerichtshöfen des Bundes[115] eingerichteten Dokumentationsstellen übertragen.

6.3. Die Annäherung des Zivilrechts

Die Erkenntnis gestörter Vertragsparität[116] hat - geschärft durch das Bundesverfassungsgericht[117] - auch die Zivilrechtswissenschaft und die Rechtsprechung in Zivilsachen erreicht, die von der „ordentlichen Gerichtsbarkeit“ als einer der fünf Fachgerichtsbarkeiten ausgeübt wird. So findet insbesondere die Inhaltkontrolle von Bürgschaftserklärungen[118], Ehe-[119], Verbraucher-[120], Leasing-[121] und formularmäßigen Mietverträgen[122] auch unter diesem Gesichtspunkt statt. Zumal der Gesetzgeber in §§ 305 bis 310 BGB eine strenge AGB-Kontrolle[123] verankert hat, gilt der alte Grundsatz „Jus civile scriptum est vigilantibus“[124] heute nur noch eingeschränkt. Da die sozialstaatliche Schutzverpflichtung somit auch bei Asymmetrie im Bürgerlichen Recht zur Geltung kommen kann, ist das Zivilrecht näher an das Arbeitsrecht herangerückt.

---

114 Zur Gründung und Entwicklung vgl. Maximilian Herberger (Hrsg.): Standort juris: Festschrift zum 10-jährigen Bestehen der juris GmbH, juris, Saarbrücken 1995

115 Bundesgerichtshof, Bundesverwaltungsgericht, Bundesarbeitsgericht, Bundessozialgericht und Bundesfinanzhof.

116 *Hönn*, Kompensation gestörter Vertragsparität, München 1982.

117 BVerfG 19.10.1993 - 1 BvR 567/89, 1 BvR 1044/89 – „Bürgschaft Familienangehöriger“, Rn 55; BVerfG 06.02.2001 - 1 BvR 12/92 – „Unterhaltsverzichtsvertrag“ , FamRZ 2001, 343 mit Anm. Schwab 349.

118 BGH 13.11.2001 - XI ZR 82/01 - NJW 2002, 746.

119 BGH 11.02.2004 - XII ZR 265/02 - NJW 2004, 930.

120 BGH 12.10.2005 - IV ZR 162/03 - NJW 2005, 3559.

121 BGH 30.01.1995 - VIII ZR 316/93 - NJW 1995, 1146.

122 BGH 08.10.2008 - XII ZR 84/06 - NJW 2008, 3772.

123 Vgl. oben unter 5.

124 Digesten 42, 8, 24 (Übersetzung aus dem Lateinischen: Das Zivilrecht ist für die Wachsamen geschrieben).

6.4. Zukunft des Arbeitsrechts

Das historisch aus der Flucht vor dem unsozialen Dienstvertragsrecht des BGB entstandene Arbeitsrecht steht heute vor der Notwendigkeit, sein „Proprium“[125] in Abgrenzung zum Bürgerlichen Recht neu zu definieren. Diese Identitätssuche braucht längere Zeit; denn zugleich muss der Entwicklungssprung von dem Recht einer Industrie- zu dem einer digitalen Informationsgesellschaft bewältigt werden. Ich bin mir sicher: Der alte Grundkonflikt der Arbeitsbeziehungen wird auch in Zukunft die permanente Wiederkehr neuer Deutungen von Vertragsfreiheit und Arbeitnehmerschutz sowie von Individuum und Kollektiv „gebären“. Die Forderung nach Vereinfachung durch Einbezug des Arbeitsrechts in das Bürgerliche Recht verkennt die Zunahme an Komplexität. Ein anschauliches Beispiel für den spezifischen arbeitsrechtlichen Schutzbedarf ist jüngst in Bezug auf den richterrechtlichen Grundsatz der Stetigkeit der Arbeitsvergütung aufgezeigt worden.[126] Ergo: Das Arbeitsrecht hat Zukunft!

---

125 Philosophischer lateinischer Begriff, der das Eigentümliche, das Besondere einer Sache bezeichnen soll.

126 *Schwarze*, Der „Kernbereich des Arbeitsvertrages" - Zum richterrechtlichen Stetigkeitsschutz im Arbeitsvertrag RdA 2012, 321.

Autorenverzeichnis

DÜWELL, Franz Josef
Vorsitzender Richter am Bundesarbeitsgericht a.D., Honorarprofessor an der Universität Konstanz

LÖWISCH, Manfred
Dr. Dr. h.c., Rechtsanwalt und Professor em. an der Albert-Ludwigs-Universität Freiburg

MENKHAUS, Heinrich
Dr., Professor, Universität Meiji Tōkyō, Vorsitzender der Deutsch-Japanischen Gesellschaft für Arbeitsrecht

MIYAZATO, Kunio
Rechtsanwalt und Präsident des Verbandes japanischer Anwälte für Arbeitsrecht, Tōkyō

NISHITANI, Satoshi
Dr. Dr. h.c. (Freiburg), Professor em., Universität Ōsaka

NOGAWA, Shinobu
Professor, Universität Meiji Tōkyō

WADA, Hajime
Professor, Universität Nagoya

WALTERMANN, Raimund
Dr., Professor, Unversität Bonn

WANK, Rolf
Dr., Professor em., Universität Bochum

Bonner Schriften zum deutschen und europäischen Recht der Arbeit und der Sozialen Sicherheit

Herausgegeben von Gregor Thüsing und Raimund Waltermann

Band 1 Sven Kürvers: Betriebliche Altersversorgung in Deutschland und den USA im Rechtsvergleich. Unverfallbarkeit, Portabilität und Unisex-Tarife. 2008.

Band 2 Alexandra Geißler: Der Lohnanspruch des Arbeitnehmers bei Nichterbringung der Arbeit. Ein Vergleich des deutschen und polnischen Arbeitsrechts. 2008.

Band 3 Daniela Fink-Jamann: Das Antidiskriminierungsrecht und seine Folgen für die kirchliche Dienstgemeinschaft. Eine Bestandsaufnahme nach Erlass der Richtlinie 2000/78/EG und ihrer Umsetzung durch das deutsche Allgemeine Gleichbehandlungsgesetz (AGG) unter besonderer Berücksichtigung der Loyalitätsobliegenheiten im kirchlichen Dienst. 2009.

Band 4 Jens Sebastian Groh: Einstellungs- und Kündigungskriterien kirchlicher Arbeitgeber vor dem Hintergrund des § 9 AGG. 2009.

Band 5 Thomas Gerdom: Gemeinschaftsrechtliche Unterrichtungs- und Anhörungspflichten und ihre Auswirkungen auf das Betriebsverfassungs-, Personalvertretungs- und Mitarbeitervertretungsrecht. Zum Umsetzungsbedarf der Richtlinie 2002/14/EG. 2009.

Band 6 Daniel Stolz: Der beurlaubte Beamte im Angestelltenverhältnis. Eine Darstellung der Doppelrechtsstellung am Beispiel der Postnachfolgeunternehmen. 2010.

Band 7 Kristina Ruch: Dreiseitige Vereinbarungen. Vereinbarungen zwischen Arbeitgeber, Gewerkschaft und Betriebsrat. 2010.

Band 8 Manuel Schwering: Das Allgemeine Gleichbehandlungsgesetz als Aufgabe und Instrument des Betriebsrates. 2010.

Band 9 Julia Bietmann: Gesetzliche Wege zu einem systemkonformen Mindestlohn. 2010.

Band 10 Wolfgang Schorn: Die Unklarheitenregel des § 305c Abs. 2 BGB - insbesondere im Arbeitsrecht. 2011.

Band 11 Jan Kraus: Regulierung von Pensionsfonds. Eine rechtsvergleichende Untersuchung einer neuen Einrichtung der betrieblichen Altersversorgung in Deutschland. 2011.

Band 12 Gregor Thüsing: Scheinselbständigkeit im internationalen Vergleich. 2011.

Band 13 Marc Tobias Rosenau: Die Koalitionsbetätigungsfreiheit im gewandelten Kontext. 2013.

Band 14 Martin Kalf: Die Änderungskündigung im Lichte des Verhältnismäßigkeitsprinzips. Tatsächliches Potential und rechtliche Grenzen. 2013.

Band 15 Franz Josef Düwell / Manfred Löwisch / Raimund Waltermann / Rolf Wank (Hrsg.): Das Verhältnis von Arbeitsrecht und Zivilrecht in Japan und Deutschland. 2013.

www.peterlang.de

www.ingramcontent.com/pod-product-compliance
Ingram Content Group UK Ltd.
Pitfield, Milton Keynes, MK11 3LW, UK
UKHW021855290926
8980IPUK00005B/850

9 783631 641088